Jean-Jacques Rousseau

EL CONTRATO SOCIAL

Copyright © EDIMAT LIBROS, S. A.
C/ Primavera, 35
Polígono Industrial El Malvar
28500 Arganda del Rey
MADRID-ESPAÑA
www.edimat.es

ISBN: 978-84-9764-541-6
Depósito legal: M-27307-2007

Colección: Clásicos de la literatura
Título: El contrato social
Autor: Jean-Jacques Rousseau
Traductor: Enrique López Castellón
Título original: *Du Contrat Social*
Introducción: Enrique López Castellón
Diseño de cubierta: Juan Manuel Domínguez
Impreso en: Lável

IMPRESO EN ESPAÑA – *PRINTED IN SPAIN*

JEAN–JACQUES ROUSSEAU

EL CONTRATO SOCIAL

Por Enrique López Castellón

Nota biográfica

Jean-Jacques Rousseau nació en Ginebra (Suiza) en 1712. Hijo de un relojero y nieto de un pastor calvinista. Su madre murió al poco de nacer él, y su padre hubo de exiliarse cuando Jean-Jacques contaba sólo diez años de edad, por haber tenido un lance de honor con un militar francés. Su padre puso al alcance del futuro filósofo las *Vidas paralelas,* de Plutarco, en las que el niño empezó a admirar la cultura clásica, y una multitud de novelas que «le habían hecho derramar ríos de lágrimas antes de la edad en que el corazón se interesa normalmente por ellas».

Rota la familia —su hermano mayor había desaparecido años antes—, Jean-Jacques es confiado al pastor Lambercier, en Bossey. A los doce años regresa a su ciudad natal, y se instala en casa de un tío suyo que lo hizo ingresar como aprendiz en el taller de un grabador. «Mi infancia —escribiría después en sus *Confesiones*— no fue la propia de un niño. Siempre sentí y pensé como un hombre.»

Después de tres años como aprendiz, en los que el grabador hubo de castigar sus pequeños hurtos y travesuras, cansado de esta vida vulgar, abandonó Ginebra una noche en que, al regresar de un paseo, encontró cerradas las puertas de su ciudad natal. Anduvo como vagabundo durante unos días hasta que se apiadó de él el párroco de Confignon, quien le recomendó a la joven baronesa de Warens, mujer enigmática y aventurera, recién convertida al catolicismo, que le envió al hospicio del Espíritu Santo de Turín, donde, tras abjurar de la religión de sus padres, abrazó sin mucha convicción el catolicismo romano. Meses después lo encontramos sirviendo en casa de la señora de Vercellis, después en la del conde de Gouvon, vagabundeando luego por Lyon, Friburgo, Lausana, Neuchâtel, Berna y Soleure, donde fue recogido por la embajada francesa.

Tras unos meses en París, se reúne con la baronesa de Warens en Chambéry, con quien vivirá lo que para él sería «el único breve período de felicidad en toda su vida». Entra a trabajar como escribiente en el Catastro de Saboya y empieza a dar clases de música en Chambéry. La señora de Warens ejerció un influjo extraordinario en su vida, tratándolo primero como a un hijo, luego como a un amigo y acabando por convertirse en su amante al amparo de «Les Charmettes», casa de campo que alquilaron cerca de Annecy, donde Jean-Jacques completó su formación con abundantes lecturas sobre física, química, astronomía, botánica, filosofía y derecho.

Mientras que los otros grandes escritores de su época (Montesquieu, Voltaire e incluso Diderot) recibieron una educación regular, Rousseau fue un autodidacta. Todo lo que aprendió, como señala en las *Confesiones* con el orgullo de tal, lo aprendió por sí mismo. En «Les Charmettes» se reavivó su pasión por la lectura, que se extendía a todos los dominios del conocimiento, y extrajo sistemáticamente resúmenes y apuntes de todos los libros que se convirtieron en verdaderos almacenes de ideas. En la bien surtida biblioteca de la señora de Warens pudo leer a La Bruyère, La

Rochefoucauld, Saint-Évremond, Montaigne, Malebranche, Addison, Locke, Descartes, Leibniz, Grocio, Pufendorf, Montesquieu, Fénelon, Condillac, la *Lógica* de Port-Royal y otros muchos autores con quienes muestra familiaridad en sus escritos. Al comenzar el estudio de las ciencias, hizo ejercicio de geometría, llevó a cabo experimentos de química y llegó incluso a realizar observaciones astronómicas. Finalmente, aprendió música. Aunque «nacido para este arte», no había recibido una instrucción musical, y cuando llegó a Annecy apenas podía leer una partitura. Diez años más tarde iba a ser capaz tanto de componer como de dirigir una orquesta. «Un firme estudio de los oscuros libros de Rameau», y de otros manuales de enseñanza, le había permitido adquirir un profundo conocimiento de la teoría y de la composición musicales, hasta el punto de que deseaba someter a la Academia de Ciencias el sistema de notación musical que había inventado.

La placidez y el estudio de «Les Charmettes» sólo se ven alterados por sus persistentes enfermedades, que le hacen trasladarse a Montpellier buscando un diagnóstico en su Facultad de Medicina. Con todo, sus años de reposo y de formación se interrumpen bruscamente cuando, al regreso de un corto viaje a Ginebra, descubre que un nuevo joven ocupaba su lugar en el corazón de la señora de Warens. Se traslada a Lyon, donde trabaja como preceptor de los hijos del señor de Mably, y conoce a Condillac.

En el otoño de 1742, Rousseau llegó a París con unas cuantas cartas de recomendación en el bolsillo y su nuevo sistema de notación musical. Había llegado a la ciudad en busca de fama, pero desde los treinta a los cuarenta años se ve obligado, como hace notar Guéhenno —uno de sus mejores biógrafos—, a «marcar el paso entre la multitud de los hombres de letras». Son los años de sus primeros encuentros con Diderot, en que una de las damas de la sociedad

parisina lo recomienda al conde de Montaigu, nuevo embajador de Francia en Venecia, con quien marcha en 1743
como secretario. Esta estancia veneciana fue importante,
pues durante ella concibió las ideas que iban a recibir su
pleno desarrollo en el *El Contrato Social*. Pero sus conflictos
con el embajador fueron tales —en buena parte por el carácter insolente de Rousseau— que quedó despedido al cabo de
un año. Ingenuamente, llegó a esperar que el embajador
sería sancionado y el secretario rehabilitado, pero pronto se
desilusionó. Desde entonces iba a mostrarse convencido de
que no había razones para esperar ningún tipo de justicia de
un orden social basado en la desigualdad de condiciones.

Tras su vuelta a París, entró en relaciones con una joven
criada, analfabeta y vulgar, Teresa Levasseur, que se convirtió en la compañera de su vida y le sirvió como niñera y
como ama de casa. Según las *Confesiones*, nacieron varios
hijos de esta relación, aunque todos ellos fueron a parar al
hospicio. Rousseau sintió más tarde que había cometido una
«falta» al abandonar a sus hijos como lo hizo, si bien no
mostró «ni el más ligero escrúpulo». No podía permitirse
mantener a una familia con sus ingresos como escritor. Por
lo demás, no hacía sino seguir «una costumbre local»,
puesto que en 1745 casi un tercio de todos los niños nacidos
en París fueron abandonados en instituciones de asistencia.

En estos años es admitido en el «salon» del barón de Hol-
bach y entra en relación con los filósofos «ilustrados»,
especialmente con Diderot y D'Alembert, quien le encargó
artículos de música para la *Enciclopedia*. Realmente, Rousseau no había abandonado sus aficiones musicales. Había
escrito una *Disertación sobre la música moderna*, representado *Les Muses Galantes*, retocado *Les Fêtes de Ramire,* de
Rameau y Voltaire... Pero 1749 marcará una fecha decisiva en
la vida de Rousseau. Yendo a visitar en la cárcel a su amigo
Diderot, al atravesar el bosque de Vincennes, se detuvo un

rato a descansar y leyó en el «Mercure de France» que la Academia de Dijon anunciaba un concurso de ensayos sobre el siguiente tema: «¿Ha contribuido el progreso de las ciencias y de las artes a la purificación de las costumbres?» Súbitamente —según cuenta él mismo—, experimentó una «iluminación», semejante a la de Pascal o al «songe» de Descartes, en que se le apareció intuitivamente el contraste entre la bondad natural del hombre y la falsedad de la sociedad y la civilización. Rousseau tomó parte en el concurso y ganó el premio al contestar negativamente a la pregunta que se proponía. *Discurso sobre las ciencias y las artes* desarrollaba además un tema al que iba a volver constantemente en su obra posterior: el contraste entre los pueblos antiguos y los modernos. Pensaba que los primeros eran virtuosos a causa de su ignorancia y la rudeza de sus costumbres, mientras que los segundos eran tan sutilmente refinados que no podían evitar la corrupción. El alma campesina y sentimental de Rousseau se rebelaba contra la artificialidad de la intelectualidad parisina y su civilización de encajes y porcelanas. Sus ideas habían, lógicamente, de chocar con los orgullosos «ilustrados», y el *Discurso* suscitó diversas polémicas, incluyendo una refutación del rey Estanislao de Polonia, que sin duda proporcionaron a Jean-Jacques una publicidad muy útil.

Con todo, Rousseau abandona cualquier otra pretensión como medio de vida a no ser la de copista de música. En 1752 estrena ante la corte de Fontainebleau su pieza musical de carácter cómico *Le devin du village,* que se representó al año siguiente varias veces en la Ópera. Igualmente, representa *Narcisse* en el Teatro Francés y publica una *Carta sobre la música francesa,* que origina controversias entre los directores de la Ópera. En realidad, durante este período se le conocía más que nada como músico, pero tuvo el acierto de renunciar a todo para consagrarse por entero a la literatura.

Rousseau elaboró, así, sus escritos más importantes en los diez años de intensa producción literaria que van desde 1752 a 1762. Durante una breve estancia en Ginebra vuelve al seno de la Iglesia calvinista para recuperar sus derechos como ciudadano ginebrino. Otorgaba tan poca importancia a las cuestiones de culto y a todos los demás problemas que entonces dividían a las confesiones cristianas que, por segunda vez, no atribuyó ninguna significación propiamente religiosa al cambio.

El primero de los escritos de este período fue el *Discurso sobre el origen de la desigualdad entre los hombres,* una obra de circunstancias en la que Rousseau volvía a responder a una pregunta formulada por la Academia de Dijon. Sin embargo, el tema estaba tan cerca de sus preocupaciones que no podía haber elegido por sí mismo otro más apropiado. Para él, la desigualdad es el mal original, el que engendra todos los demás. De esta forma, al oponer «la igualdad que la naturaleza había establecido entre los hombres» a «la desigualdad que los hombres han instituido», Rousseau exponía todos los males que la propiedad privada ha introducido en las colectividades humanas y formulaba un alegato contra la vida en sociedad similar al que antes había realizado contra la civilización de su tiempo. No obtuvo esta vez el premio de Dijon, pero la obra alcanzó una gran popularidad, lo que le atrajo la enemistad activa de los enciclopedistas. Acusando recibo del envío de su nuevo libro, Voltaire escribía a Rousseau: «No se puede pintar con colores más vivos los horrores de la sociedad humana, de la que tanto consuelo se prometen nuestra ignorancia y nuestra debilidad. Jamás se ha derrochado tanto ingenio en querer convertirnos en bestias. Cuando se lee vuestro libro entran ganas de andar a cuatro patas.»

Comprendiendo las dificultades que le iba a reportar publicar sus libros en Ginebra, abandona su celo republicano y patriótico y acepta la invitación de la señora d'Epinay para que se traslade a «L'Ermitage», una casa de verano que había preparado para él en las inmediaciones del bosque de Montmorency. Después de tantos años de residencia en París, «ciudad de ruido, humo y barro», Jean-Jacques se mostró encantado de volver a la vida del campo en compañía de su fiel Teresa. Sin embargo, su estancia no alcanzó a dos años, puesto que tuvo una nueva polémica, esta vez con su protectora, con Grimm y con Diderot. Los orígenes de la querella residían en la pasión que se despertó en Rousseau por Sofía d'Houdetot, cuñada de la señora d'Epinay. La joven condesa, que alentó este fervor, aunque no lo compartiera, fue la gran pasión de la madurez de Rousseau. La novela que por entones estaba escribiendo, *La nueva Eloísa,* fue una de las fuentes de esta relación: se enamoró de la señora d'Houdetot, a la que identificó con Julia, la heroína de la novela, un caso en que la creación literaria se traspone a la vida real. La relación amorosa de «L'Ermitage» duró apenas cuatro meses; aunque la dama debió sentirse halagada por la pasión que había despertado en un hombre a quien su artículo de «Economía Política», publicado en la *Enciclopedia,* le había consagrado como filósofo reconocido, cuando empezó a sentirse comprometida por sus indiscreciones rompió con Jean-Jacques. Éste, sospechando que Diderot había divulgado su secreto, decidió no sólo romper con él, sino hacerlo públicamente en el prefacio de uno de sus escritos.

A pesar de esta ruptura con Diderot y con la señora d'Epinay, el filósofo se negó a volver a París y a abandonar Montmorency, que se había convertido en su «estudio». Allí siguió viviendo durante más de cuatro años, en una casa alquilada en el parque de Mont-Louis, primero, y, posteriormente, en el Petit Château, bajo la protección del mariscal de Luxemburgo. Mientras tanto, su novela *La nueva Eloísa* alcanza en París un éxito extraordinario. En sólo tres semanas Rousseau había escrito, además, su *Carta a d'Alembert sobre los espectáculos,* que contenía el proyecto elemental de una sociología de las diversiones, considerándolas en relación con la sociedad a que están destinadas. Este escrito le supuso un nuevo enfrentamiento con d'Alembert y Voltaire.

Rousseau dirige entonces su atención a dos grandes proyectos: el *Emilio,* en el que iba a presentar sus concepciones educativas, y las *Instituciones Políticas,* según la idea que acariciaba desde su estancia en Venecia. Logró terminar el primero, pero el segundo quedó reducido a un breve tratado al que dio por título *El Contrato Social o Principios del Derecho Político* (1762). Ambas obras se han convertido en clásicos de la pedagogía y de la ciencia política, respectivamente.

En lugar de restringirse a los estrechos límites de la pedagogía, Rousseau concibió el *Emilio* como una reflexión sobre el hombre y la situación humana. Rousseau revelaba la especificidad de la psicología infantil y el error que supone considerar al niño como a un adulto en miniatura; oponíase a una socialización prematura y al intento de los adultos de razonar a quien sólo el transcurso de la edad y las relaciones sociales despertarán y desarrollarán la capacidad de razonamiento.

En cuanto a *El Contrato Social,* las ideas de Rousseau tenían un claro carácter subversivo, pues, de entrada, atentaban contra las monarquías absolutas imperantes en Europa. Según el libro, el pueblo soberano podía cambiar en cualquier momento sus leyes o sus gobernantes y modificar la forma de su administración gubernamental y la de la constitución del Estado. En principio, no había nada que no pudiera hacer. La doctrina de Rousseau era igualitaria y antijerárquica y, además, republicana y antimonárquica, pues aunque la monarquía aparecía entre las formas posibles de gobierno, en su concepción, los reyes eran vistos como simples magistrados o funcionarios responsables del cumplimiento de las leyes. Como hicieron notar muchos de sus contemporáneos, y en particular G. F. Berthier, ello equivalía a no reconocer ni la monarquía ni la aristocracia, sino sólo la democracia.

Rousseau tenía la idea de publicar *El Contrato Social* antes que el *Emilio,* no sólo para que el primero no fuera desplazado por el segundo, sino sobre todo para que le beneficiara la publicidad que la «novela» sobre la educación, destinada a un amplio público, pudiera hacer al austero y breve tratado de derecho político. El editor holandés Marc-Michel Rey se comprometió a publicarlo en Amsterdam en la primavera de 1762, si bien el interés de Rousseau era asegurar su entrada en Francia. Poco antes había escrito: «Cuanto más se hable por adelantado de esta obra más difícil se hará su entrada en Francia. Mientras que si está dispuesta sin que se sepa nada, no dudo de que entrará sin dificultad.»

Nada más editado, Rey envió dos grandes paquetes con ejemplares de *El Contrato Social* a Dunkerque y simultáneamente presentó un volumen a Malesherbes, encargado de la censura francesa. La respuesta no se hizo esperar. Los libreros parisinos mediante los cuales esperaba Rey distribuir el libro en Francia, escribieron a éste: «Uno de los primeros magistrados, que se interesa mucho por Rousseau, nos envió ayer a buscar y nos encargó que le escribiéramos para aconsejaros, si tenéis alguna amistad con Rousseau, que suprima su nombre de la portada de su última obra. Los principios que contiene este libro son capaces de causarle la perdición en Francia.» Desaparecería, así, la posibilidad de publicarlo en Francia, pero de momento no se tomaban medidas contra su autor. El *Emilio,* por el contrario, levantó una verdadera tormenta. Fue impreso en París y se puso a la venta en mayo de 1762. Rousseau insertó en el volumen una parte que primero había aparecido por separado, la *Profesión de fe del vicario saboyano,* en la que presentaba sus ideas religiosas. Éste fue el pretexto que esgrimió el Parlamento de París para ordenar que se quemara el libro al pie de la escalinata del Palacio de Justicia y para dictar una orden de arresto contra Rousseau. Parece que la severidad de esta decisión se debía a que el Parlamento francés estaba dispuesto a expulsar a los jesuitas y quería contrarrestar con esta medida contra Rousseau la falsa impresión que podía causar en los no creyentes e irreligiosos. En la medida en que el *Emilio* contenía un extracto de las ideas de *El Contrato Social,* esta última obra aparecía también condenada.

¿Era justificable tal condena? Desde el punto de vista de los intereses de la monarquía absoluta y de la Iglesia romana que era su sostén ideológico, no había duda alguna. *El Contrato Social* pulverizaba los falsos argumentos sobre los que se había fundado la monarquía de derecho divino, y su último capítulo, *La religión civil,* contenía en germen la constitución civil del clero, por la que, años después, la Revolución Francesa se esforzó en laicizar el Estado y limitar la influencia política de la Iglesia. La condena de las obras de Rousseau les suministraba, empero, una publicidad complementaria, y no impedía que se convirtieran después en lectura obligada de quienes habrían de impulsar la revolución en Francia y que Robespierre intentara en 1793 poner en práctica la mayor parte de los principios contenidos en *El Contrato Social.*

Por si fuera poco, el Consejo de Ginebra condenó tanto el *Emilio* como *El Contrato Social,* alegando que ambas obras eran «destructivas de la religión cristiana y de todos los gobiernos». Rousseau es expulsado de Yverdon y debe refugiarse en Môtiers-Travers, en el principado de Neuchâtel, que dependía del rey de Prusia. El *Emilio* es condenado también por Holanda y por el Consejo Escolar de Berna. El arzobispo de París, Cristophe de Beaumont, lanza un escrito contra él, al que trata de contestar Rousseau. J. R. Tronchin, el fiscal que había dirigido la acusación en Ginebra, publica unas cartas abiertas contra Rousseau, y también en este caso se defiende Rousseau en sus *Cartas de la montaña.*

Jean-Jacques, sintiéndose enfermo —padecía una enfermedad crónica de vejiga que a sus cincuenta años se había agravado— se dedica a la botánica y a redactar sus *Confesiones,* especie de autobiografía justificatoria. Voltaire publica en este tiempo un panfleto contra él, *El sentimiento de los ciudadanos.* Las *Cartas de la montaña* son quemadas en La Haya y en París, y atacadas en Ginebra. Los amigos ginebrinos de Rousseau promueven en su defensa una agitación, cuya responsabilidad declinó Rousseau prefiriendo renunciar a su ciudadanía para no verse envuelto en una querella política. Su vocación era escribir, no convertirse en dirigente de un partido. No obstante, el pastor de Môtiers incitó a los habitantes del pueblo a que arrojaran piedras de noche contra la casa de Rousseau y éste fue enviado por las autoridades de Berna a la isla de Saint-Pierre. Expulsado a su vez de allí, pasa por Berlín, Basilea y Estrasburgo, donde es recibido con cierto calor. A finales de 1765 llega a París bajo la protección del príncipe de Conti. A las pocas semanas, el filósofo inglés David Hume, compadecido de él, le ofrece refugio en su patria. Tras pasar una temporada en su casa de las cercanías de Londres, Rousseau se instala con Teresa en Wooton, donde vive unos meses tranquilo continuando la redacción de sus *Confesiones.* Por mediación de Hume, el rey Jorge III de Inglaterra le concede una pensión. Pero las persecuciones y traslados han hecho mella en su espíritu lo que le hace ver enemigos en todas partes e interpretar injustamente la hospitalidad de Hume, con quien tiene una ruptura violenta que le induce a escribirle una serie de airadas cartas.

Rousseau parte, pues, precipitadamente de Inglaterra, se dirige a Francia, en mayo de 1767, donde lleva durante tres años una vida de auténtico perseguido. Pasa unos días en Fleury-sous-Meudon, al lado de Mirabeau, y en Trye-le Château, en la región del Oise, junto al príncipe de Conti. En París se pone a la venta su *Diccionario de Música*. Apenas puede calmar sus angustias continuando, a modo de desahogo, sus *Confesiones* y estudiando hierbas silvestres en la Grande-Chartreuse. Se instala en Bourgoin y en Monquin, en el Delfinado, y contrae matrimonio civil con su fiel compañera Teresa. Durante este período no sólo cambió de residencia, sino de nombre, firmando sus cartas como «Renou».

En 1770 recibió seguridades de que podía residir en París sin obstáculos y, tras pasar por Lyon, se instaló en una miserable casa de la parisina calle Plâtrière. Allí lleva una vida relativamente sosegada copiando música, aunque la policía prohíbe las lecturas públicas de sus *Confesiones*. No acaba de dar forma definitiva a su *Proyecto de Constitución para Córcega*, bosquejado en Môtiers, pero redacta sus *Consideraciones sobre el gobierno de Polonia*.

Si las *Confesiones* fueron escritas en gran medida por el placer de conocerse mejor y de rememorar el pasado, los tres diálogos titulados *Rousseau, juez de Jean-Jacques*, escritos en este período, fueron compuestos mientras se encontraba acorralado por los terrores de la persecución. Escribió este extraño libro para defenderse de sí mismo: «Consentiría gustosamente —afirma— en ser borrado por completo de la memoria de los hombres, pero no puedo consentir permanecer en ella deshonrado para siempre por la calumnia.» La obsesión de una conspiración, que domina estos diálogos, persiste hasta cierto punto en sus *Ensoñaciones del paseante solitario* (1782), pero Rousseau había ya recuperado en gran parte la serenidad cuando escribió estas reflexiones. Se afana al mismo tiempo en botánica, preparando una introducción a su *Diccionario de términos al uso en Botánica*.

Poco después, se traslada a la finca que poseía su amigo el marqués Estanislao de Girardin en Ermenonville, donde transcurren los últimos meses de su vida. El 2 de julio de 1778 muere allí repentinamente, según unos, de una insolación; según otros, de uremia. El carácter repentino de su muerte levantó incluso especulaciones en torno a un posible suicidio, hipótesis que carece de fundamento. Su cuerpo fue enterrado en la isla de los Álamos, en el centro del parque de Ermenonville, y su tumba se convirtió en lugar de peregrinación de sus devotos políticos hasta que la Convención ordenó que sus restos fueran trasladados al Panteón parisino donde descansan los hombres ilustres.

Rousseau o la racionalización de la vida en sociedad

Creo que uno de los objetivos que debe cumplir el prologuista consiste en incitar la curiosidad del lector respecto al libro que tiene en sus manos, preparar su ánimo para que pueda dedicarse con pleno aprovechamiento a su lectura, suministrarle un bagaje que le permita adentrarse en las páginas que siguen más sensibilizado ante lo que lee. El mejor prólogo es el que hace las veces de estimulante aperitivo que precede a una buena comida.

No quisiera, sin embargo, que esta comparación diera lugar en nuestro caso a malentendidos. La lectura de *El Contrato Social* dista mucho de ser el equivalente a una placentera y sosegada comida. Cabría decir, más bien, que se trata de una aventura intelectual apasionante de la que se puede salir con copioso material para lanzarse después a pensar por cuenta propia. Como decía Stendhal, Rousseau es uno de esos autores insolentes que obligan a los lectores a pensar. Y por si los adornos y el buen decir oscurecen el seguimiento del hilo del discurso —que no es éste el caso—, el propio Rousseau solicita en el prólogo a uno de sus libros: «Ruego a mis lectores que tengan a bien dejar al margen mi bello estilo y examinen sólo si razono bien o mal.»

De entrada creo que es importante decir que *El Contrato Social* es una de las obras que más influencia han ejercido en el terreno de la teoría y la práctica políticas del mundo moderno. Es conocida la anécdota según la cual Thomas Carlyle cenaba una vez con un hombre de negocios quien, cansado de la locuacidad de su interlocutor, le reprochó: «¡Ideas, señor Carlyle, nada más que ideas!» A lo que Carlyle replicó: «Hubo una vez un hombre llamado Rousseau que escribió un libro, el cual no contenía más que ideas. La segunda edición se encuadernó con la piel de los que se rieron de la primera.»[1]

La anécdota se refiere a la paternidad que, en el plano ideológico, se suele atribuir a Rousseau como inspirador de la Revolución Francesa. Ciertamente, Robespierre, como tantos plebeyos de su generación, convirtió *El Contrato Social* en un libro obligado de cabecera intentando en 1793 aplicar la mayor parte de sus principios. De hecho, la famosa Constitución francesa del Año I (1793) siguió fielmente la teoría del Estado de *El Contrato Social* al establecer el sufragio universal directo y el refrendo necesario de las Asambleas primarias sin cuyo acuerdo las leyes votadas por el Cuerpo legislativo no tienen completa validez, y al concebir el Ejecutivo como agente delegado de la Asamblea.

Es sabido también que el igualitarismo de Graco Babeuf, el socialismo utópico de Charles Fourier y las ideas que el general Lafayette llevó al continente americano debieron

---

[1] Recogida por A. Mac Intyre, *Historia de la ética,* Buenos Aires, Paidós, 1970, pág. 179.

mucho a la obra de Rousseau. Tanto es así, que estas ideas inspiraron la Declaración de independencia norteamericana y su propia Constitución, cuyas primeras palabras son: «Nosotros, el pueblo de los Estados Unidos..., ordenamos y establecemos...» Ciertamente, Goethe había dicho una gran verdad al predecir: «Con Voltaire termina un mundo. Con Rousseau comienza otro.»

Este pequeño tratado de derecho político no perdió sus virtudes cuando la Revolución Francesa dejó lugar al bonapartismo. Sin hablar de los republicanos que lo leyeron, lo citaron y se inspiraron en él, en el despertar de las nacionalidades del siglo pasado, recordemos que los Archivos internacionales de historia social, en Amsterdam, conservan los cuadernos en los que, con su minúscula letra, Carlos Marx copió páginas enteras de Rousseau buscando inspiración para *El Capital* y la *Crítica del programa de Gotha*. Engels, a su vez, consideraba en el comienzo de su *Anti-Dühring* que el *Discurso sobre el origen de la desigualdad entre los hombres,* de Rousseau, constituye «una obra maestra de la dialéctica».

No es menor la influencia que la explicación ofrecida por Rousseau del carácter dual del hombre como legislador y súbdito de la ley moral desde la clave de su libertad radical, ejerció en la historia de la ética. El impacto que causó en Kant, despertándole del «sueño dogmático» de la moral, fue reconocido sin reservas por el filósofo de Könisberg: «Hubo un tiempo —escribió Kant— en que creía que todo eso (la sola inteligencia, «las luces») podía constituir la honra de la humanidad y despreciaba al pueblo, ignorante de todo. Rousseau me desengañó de ello. Esta ilusoria superioridad se desvanece; he aprendido a honrar a los hombres y me sentiría mucho más inútil que el común de los trabajadores si no creyese que el objeto de este estudio puede dar a los otros un valor que consiste en esto: hacer volver a sentir el derecho de la humanidad. Rousseau es el Newton de la moral.» [2]

Por otra parte, *El Contrato Social* se convirtió, además, en la biblia de los jacobinos, o como piensa el anarquismo, en el sermón de la montaña de los pueblos rejuvenecidos. Y lo fue por razón del canto de libertad que penetra aquí el derecho natural, de una libertad inalienable. La inalienabilidad absoluta de la persona, he aquí «el *novum* —como ha hecho ver Ernst Bloch— que Rousseau aportó al derecho natural clásico» [3].

Numerosos hombres políticos africanos o asiáticos de lengua francesa se han puesto a leer a Rousseau, en el momento en que sus países accedían a la independencia, e incluso algunos eminentes estadistas vietnamitas, guineanos, senegaleses, etc., han declarado que la base de su orientación en la política se debía a la obra de Rousseau. Fidel Castro, por ejemplo, señalaba a un periodista francés que Jean-Jacques había sido su maestro y que combatió a Batista con *El Contrato Social* en el bolsillo.

¿Cabe encontrar, al margen de Marx, a otro pensador político que haya ejercido una influencia tan extensa y profunda en el espacio y en el tiempo? Con toda propiedad pudo decir en su día Gustavo Lanson: «Desde su muerte y durante más de un siglo, todos los progresos hacia la democracia, la igualdad y el sufragio universal..., todas las reivindicaciones de los partidos extremos que podrían subvertir el futuro, la guerra contra la riqueza y el privilegio, toda la agitación de las masas obreras y oprimidas, todo ha sido en cierto sentido obra de Rousseau» [4].

---

[2] Citado por J. Vialatoux, *La morale de Kant,* Presses Universitaires de France, París, 1956, pág. 5.

[3] Enst Bloch, *Derecho natural y dignidad humana,* Madrid, Aguilar, 1980, pág. 64.

[4] Citado por F. Savater, «Rousseau y la Constitución», en *El Viejo Topo,* 26 (1978), pág. 19.

Junto a ello, en la actualidad, sociólogos y etnólogos reconocen a Rousseau como un precursor de las ciencias sociales e incluso hasta como su fundador. En una breve glosa al *Discurso sobre el origen de la desigualdad,* ya Durkheim señalaba: «Rousseau demostró hace mucho tiempo que si se privara al hombre de todo lo que debe a la sociedad sólo quedaría una criatura reducida a la experiencia de los sentidos y más o menos indiferenciada del animal» [5]. Sin duda que el concepto de voluntad general cuyas huellas podríamos quizá rastrear en el concepto durkheimiano de «conciencia colectiva» y la idea rousseauniana de que los pueblos son lo que las instituciones sociales han hecho de ellos, bastarían por sí solos para atribuir a Rousseau intuiciones que las modernas ciencias sociales han desarrollado y comprobado. Lévi-Strauss ha afirmado, en este sentido, que el filósofo ginebrino fue «el creador de la etnología, ciencia que él concibió, cuya existencia deseó y anunció más de un siglo antes de que hiciera su aparición en el mundo, poniéndola de entrada en el lugar que le corresponde entre las ciencias naturales y humanas ya constituidas; y él adivinó de qué forma práctica esa ciencia podría dar —gracias al mecenazgo individual y colectivo— sus primeros pasos» [6].

En paralelo con esta línea de influencias e inspiraciones, Rousseau ha sido uno de los autores más vilipendiados e injuriados de los últimos siglos. Ya hemos visto en la nota biográfica las condenas y persecuciones que sufrió en vida. No fueron menos los insultos e interpretaciones tendenciosas que su obra sufrió después de su muerte.

---

[5] E. Durkheim, «Détermination du fait moral», Société Française de Philosophie, *Bulletin,* 6, 1906, pág. 132.

[6] C. Lévi-Strauss, «J.-J. Rousseau, fundador de las ciencias del hombre», en C. Lévi-Strauss y otros, *Presencia de Rousseau,* Buenos Aires, Nueva Visión, 1972, pág. 9.

En principio, Rousseau atrajo sobre sí todas las diatribas lanzadas contra la Revolución Francesa. En esta cuenta cabe anotar las interpretaciones que lo acercan al sentimentalismo romántico a la vez que lo alejan del racionalismo «ilustrado». Y es que, como ha dicho Lukács, «Rousseau, visto como "romántico irracionalista", es un producto de la polémica contra la Revolución Francesa» [7]. ¿Un ejemplo significativo? Valga este giro característico de Nietzsche: «No fue el mesurado temperamento de Voltaire, inclinado al orden, a la limpieza y a la reconstrucción, sino que fueron las pasionales necedades y mentiras a medias de Rousseau las que despertaron el espíritu optimista de la revolución contra el que yo clamo: *Écrasez l'infâme!* Él fue el que hizo retroceder por mucho tiempo el espíritu de la Ilustración y de la evolución progresiva» [8].

Como no podía ser de otra manera, las condenas de Rousseau habrían de arreciar con el ascenso de cualquier forma absolutista de poder. No es de admirar que Maurras lo tratara de «energúmeno judaico», ni que todavía en 1924 una importante jerarquía eclesiástica dijese que «había hecho más daño a Francia que las blasfemias de Voltaire y de todos los enciclopedistas». De igual modo, el ascenso de los fascismos habría de considerar peligrosa la sustitución rousseauniana del súbdito por el ciudadano, así como su discurso legitimador del Estado democrático. En palabras de Tuñón de Lara, «tras la condenación intelectual del ginebrino se alzaron luego las piras siniestras de los campos de exterminio; se empieza quemando libros de Rousseau con el brazo en alto y se termina enviando a la muerte a quienes se atre-

---

[7] G. Lukács *El asalto a la razón,* Barcelona-México, Grijalbo, 1968, pág. 100.

[8] F. Nietzsche, *Humano, demasiado humano,* aforismo: «Una quimera en la doctrina de la subversión»; en *Obras Completas,* vol. I, Buenos Aires, Aguilar, 1962.

ven a señalar que la *voluntad general* puede ser mucho más útil y más moral para organizar la convivencia que las faramallas barrocas de quienes quieren tener razón contra esa mayoría»[9].

* * *

Puede que, con todo lo que llevamos dicho, el lector haya sacado la impresión de que *El Contrato Social* es un panfleto divulgador de fácil impacto popular, a la manera del *Manifiesto Comunista,* de Marx y Engels. Nada más alejado de la realidad. *El Contrato Social* va dirigido más a la inteligencia que al corazón. Su estilo es apropiado al racionalismo que caracteriza su pensamiento. La pasión, que en otros escritos se expresa en forma de efusión lírica o en movimientos oratorios, no se transparenta aquí más que bajo el velo de la ironía. Se trata, en suma, de un estilo duro, seco, ambiguo y, como veremos después, abierto a múltiples interpretaciones. No es, pues, un libro de fácil lectura. En carta a Dussaulx, el propio Rousseau confesaba: «En cuanto a *El Contrato Social,* los que se alaben de entenderlo por entero son más hábiles que yo.» He aquí, pues, otra función primordial del prologuista: extraer las ideas fundamentales de la obra en cuestión. Vamos a ello.

Rousseau comienza constatando el hecho de que, habiendo nacido libre, el hombre se encuentra por doquier encadenado. ¿Cabe la posibilidad de explicar esta cambio? La cuestión remite al análisis de la naturaleza misma del orden social, el cual es un derecho sagrado que sirve de base a los demás. Este derecho no procede de la naturaleza, sino que se basa en un pacto, convención o contrato. La única

---

[9] M. Tuñón de Lara, Prólogo a *El Contrato Social,* Madrid, Espasa-Calpe, 1980, pág. 10.

sociedad de derecho natural sería la familia, pero su unión está condicionada a la necesidad que los hijos tienen de sus padres para su propia conservación. Al cesar esta necesidad, acaba el derecho natural: los hijos se independizan y recuperan su libertad. De este modo, la prolongación de la sociedad familiar se da sólo en función de un contrato voluntario entre sus miembros.

Esta forma de contrato no se impone por la fuerza y la coacción, pues ello negaría la libertad natural del hombre y no institucionalizaría ni permitiría una libertad civil y política adecuadas. La única fuente legítima de la autoridad hay que buscarla en las convenciones o pactos entre los hombres. Ahora bien, el hombre no puede enajenar su libertad y someterse a un semejante, pues renunciar a su libertad implica renunciar a su cualidad de hombre, a sus derechos e incluso a sus deberes. Hay que buscar, pues, un medio de establecer y justificar la soberanía y la autoridad colectivas, sin que ello suponga una merma de las libertades individuales. Esto no significa que en el orden social y político establecido por el contrato no haya —y no deba haber— sumisión y obligatoriedad de la ley. En suma, el problema está en conciliar la obediencia, el orden y la autoridad con la libertad inalienable de los individuos. El contrato social posibilita esta conciliación; esto es, los hombres no se someten más que a la ley que ellos mismos se han dado con la finalidad de conseguir en la unión social una ayuda indispensable para hacer frente a los obstáculos que ponen en peligro su supervivencia en un orden natural y solitario.

Ernest H. Wright nos suministra este sencillo ejemplo: «Si no hubiera sociedad, no pagaría impuestos, cosa que ahora tengo que hacer. Eso es lo que pierdo. Pero todos los otros miembros también pagan impuestos, y el importe de su tributo, que se utiliza en mi beneficio, equivale a la cantidad que pago para beneficiar al resto. De este modo, mi ganancia es igual a mi pérdida. Sin embargo, juntos podemos hacer con nuestros impuestos cosas que sería imposible llevar a cabo de cualquier otra manera. Juntando, así, nuestras fuerzas, cada uno hereda un poder hasta entonces desconocido. Si ampliamos nuestro ejemplo, el principio sigue teniéndose en pie. Cada deber que tengo con los otros miembros de la sociedad presenta como contrapartida el deber que los demás adquieren en correspondencia por mi beneficio, y, a la vez, todos salimos ganando con la fuerza que deriva de la unión» [10].

Según este contrato, el individuo no se somete a nadie en particular, pues el contratante no enajena sus derechos en favor de otros individuos, sino en favor de la comunidad, esto es, de la voluntad general. Sin duda que este paso del orden natural al social es beneficioso para los individuos: sus actos comienzan a ser morales, la justicia sucede al instinto, el deber al impulso físico, el derecho al apetito, la razón a su capricho. Con otras palabras, si bien el orden social no es un orden natural, el paso del segundo al primero es fruto de una decisión racional. El individuo pierde su libertad natural, pero obtiene la libertad civil; pierde un derecho vago e ilimitado a todo, pero gana el derecho de propiedad sobre los bienes de uso que llega a poseer en virtud de su trabajo. En este nuevo orden social racional y libre será posible erradicar el mal moral y la injusticia y realizar la perfectibilidad moral, logrando, así, el máximo de felicidad humana.

El paso del «estado natural» al «estado civil» representa un cambio sustantivo, una transformación profunda que afecta a la esencia misma de la vida y de las relaciones humanas. Esta transformación de los derechos naturales

---

[10] E. H. Wright, *The Meaning of Rousseau*, Londres, Oxford University Press, 1929, pág. 73.

constituye lo nuevo de la concepción de Rousseau frente a las posiciones de Hobbes o de Locke. «¿Dónde está, pues —se pregunta J.-J. Chevallier, refiriéndose al *Contrato*—, en esta obra célebre, la invención? Hela aquí: esa *libertad* y esa *igualdad*, cuya existencia en el estado de naturaleza es tradicionalmente postulada, Rousseau pretende volver a encontrarlas en el estado de sociedad, pero *transformadas,* habiendo sufrido una especie de modificación química, *desnaturadas.* Hay —para recoger la expresión de un sabio comentador de la obra, M. Halbwachs— creación de un orden enteramente nuevo y de un orden necesariamente justo, por el contrario. O, para citar a B. de Jouvenel en su admirable *Ensayo sobre la política de Rousseau,* hay creación de una nueva naturaleza en el hombre, lo que permite a éste superar la contradicción, inherente al estado social, entre sus inclinaciones individuales y sus deberes colectivos. Ésta es la primera y capital invención de Rousseau. Tiene ella como pivote la concepción misma del *soberano,* de la *soberanía* y de la *ley,* que el autor hace derivar del contrato social y que llena los dos primeros libros —de los cuatro— de la obra» [11].

El objeto de la voluntad general colectiva no es el bien particular de cada individuo, sino el bien y el interés común, que prevalecen siempre sobre los particulares. En este cuerpo social reside la soberanía, entendida como el ejercicio de la voluntad general, que no puede dividirse ni enajenarse. Una de sus prerrogativas es la capacidad de legislar: si el contrato social da existencia y vida al cuerpo político, la ley le da movimiento y voluntad, determinando lo que debe hacer para conservarse y fijando todos los derechos. La ley es, entonces, el órgano sagrado de la voluntad de un pueblo.

---

[11] J.-J. Chevallier, *Los grandes textos políticos desde Maquiavelo a nuestros días,* Madrid, Aguilar, 1967, pág. 147.

Estamos aquí —como ha recordado Derathé[12]— ante otro de los puntos de vista más originales de Rousseau. Efectivamente, para él, la ley no es la voluntad de un superior, sino un acto o una declaración de la voluntad general. Nadie puede ser sometido sin su consentimiento a una autoridad, cualquiera que sea: la ley obtiene su carácter obligatorio del pacto social. Ahora bien, por el pacto social los particulares se han situado bajo la dirección suprema de la voluntad general. El poder de legislar, es decir, de prescribir leyes válidas para todo el cuerpo político, no puede, pues, pertenecer legítimamente más que a la voluntad general. Sólo por esta condición los ciudadanos no se obedecen más que a sí mismos y se mantienen libres en el seno del Estado. Admitir que una voluntad particular puede obligar a los ciudadanos es someterlos a la voluntad, o mejor dicho, al dominio de otro hombre. Esto es precisamente lo que tiene por objeto evitar el contrato social. Los hombres se han unido y sometido a una disciplina común para estar al abrigo de toda dependencia personal: se han dado leyes para no darse un amo.

La visión rousseauniana del origen del poder político constituye, a mi manera de ver, una culminación, en este aspecto, del humanismo renacentista, pues desenmascara el carácter ideológico de la consideración tradicional de que todo poder proviene de Dios. Cabe, pues, decir con Maritain[13] que, para Rousseau, la sociedad no es obra de Dios, «autor del orden natural», sino resultado de la voluntad del hombre. En lo sucesivo, ya no podrá autolegitimarse el poder apelando a su origen divino, sino que hasta los regímenes totalitarios y

---

[12] R. Derathé, *J.-J. Rousseau et la science politique de son temps*, París, J. Vrin, 1979, pág. 294.

[13] J. Maritain, *Trois Réformateurs, Luther, Descartes, Rousseau*, París, Plon, 1925, pág. 28.

27

dictatoriales se autopresentarán como la encarnación de la voluntad popular.

Siguiendo el hilo expositivo del autor, Rousseau pasa a continuación a establecer una importante distinción, pues una cosa es la soberanía, que es colectiva y a la que corresponde el poder legislativo, y otra el gobierno, al que compete el poder ejecutivo. El sujeto de la soberanía es siempre el pueblo; los gobernantes —reyes, príncipes o magistrados— son sólo simples ejecutores, administradores, mandatarios, oficiales o empleados del pueblo soberano a quienes éste encarga la ejecución de las leyes y el mantenimiento de la libertad, tanto civil como política. No hay, empero, aquí un nuevo pacto por el que el pueblo transmitiría la soberanía a los gobernantes. El pueblo conserva siempre su soberanía, que los gobernantes garantizarán y administrarán, los cuales pueden ser cambiados y elegidos por el pueblo para el ejercicio exclusivo de esta misión específica.

Especificando esta idea, Grimsley apunta que «aunque Rousseau se opone claramente a cualquier concepción de una total "separación de poderes" en el sentido de Montesquieu (ya que no existe más que un poder supremo, el soberano, que es absoluto, indivisible e inalienable), insiste en que el gobierno debe tener su propia función distintiva. Tal vez, a primera vista, podría parecer que el soberano y el gobierno debían estar unidos, ya que entonces el "cuerpo" ejecutaría directamente los deseos del "alma"; pero esto no es prudente ni viable en la práctica. Si el soberano asumiera la función ejecutiva, además de la legislativa, y, por ello, estuviera comprometido en la ejecución de sus propias leyes, correría el grave peligro de olvidar su atención al bien común. Es importante que el soberano no quede absorbido por actividades concretas, sino que sea capaz de inspeccionar al gobierno, vigilarlo con cierto distanciamiento y observar la forma en que se llevan a la práctica las leyes generales; cualquier implicación en actos particulares debilitaría probablemente la eficacia de su voluntad legislativa»[14].

Dado que pueden existir diferentes combinaciones entre soberanía y gobierno, éste puede revestir distintas formas. En la democracia, el pueblo se gobierna por sí mismo, y, por lo tanto, la soberanía y el gobierno se identifican. El poder legislativo está unido al ejecutivo; el príncipe y el soberano son la misma persona y forman, por así decirlo, un gobierno sin gobierno. Éste sería el gobierno ideal, pero —según Rousseau— su propia perfección le imposibilita ser conveniente para los hombres. De hecho, nunca ha existido, ni existirá, una verdadera democracia, pues supone unas condiciones que la hacen prácticamente irrealizable: un Estado muy pequeño en el que sea fácil reunir al pueblo y en el que cada individuo pueda conocer a todos los demás; una gran sencillez de costumbres, igualdad de clases o fortunas y poco o ningún lujo.

Otra forma de gobierno es la aristocracia, en la cual hay dos personas morales distintas: el pueblo soberano y legislador y el gobierno que ejecuta las leyes, compuesto por un cuerpo selecto de ciudadanos. Hay tres clases de aristocracia: natural (jefes de familia), electiva y hereditaria. La tercera es, para Rousseau, el peor de los gobiernos, mientras que el gobierno aristocrático electivo parece el más preferible de todos. También en la monarquía hay distinción de poderes: la soberanía sigue residiendo en el pueblo, pero el poder ejecutivo se pone en manos y en la voluntad particular de una persona física, que es el monarca o el rey. De suyo es el gobierno más eficaz, pero está expuesto al peligro de que la voluntad particular del rey se oriente hacia su propio bien y provecho, en perjuicio del bien común del Estado.

---

[14] R. Grimsley, *La filosofía de Rousseau,* Madrid, Alianza, 1977, págs. 138-139.

Rousseau especifica que no todas las formas de gobierno son convenientes a cualquier país. La monarquía es la más conveniente en Estados grandes y opulentos; la aristocracia en los menos ricos, y la democracia en Estados pobres. También la geografía interviene en la conveniencia de las formas de gobierno. Por razón del clima, el despotismo es conveniente en países cálidos, la barbarie en los fríos y la buena política en las regiones intermedias y templadas. Rousseau está aquí haciéndose eco de la idea de Montesquieu de la influencia del clima en la organización y el carácter de los pueblos.

El Contrato Social se cierra con una serie de consideraciones acerca de la religión civil, donde Rousseau critica tanto la intolerancia religiosa como el espiritualismo cristiano, que aparta a los ciudadanos de su debida participación en las tareas del Estado. Propugna una laicización tolerante del Estado respecto a todos los credos, admitiendo sólo a quienes sean capaces de convivir armónicamente con los demás.

He aquí, debidamente resumidas, las ideas principales contenidas en *El Contrato Social.* Como ha señalado Moreau [15], «esta sociedad ideal no es una utopía, puesto que corresponde a la exigencia racional que regula nuestra voluntad; pero es una quimera si se la concibe separada del esfuerzo moral y se la imagina como prometida a una humanidad relajada. A los que seduce la edad de oro futura, Rousseau recuerda útilmente las antiguas lecciones de la sabiduría y el civismo: no hay paz ni felicidad para los hombres si rechazan la moderación de los deseos y el respeto a la ley».

He querido presentar desnudas y escuetas estas ideas principales de *El Contrato Social* para no distraer al lector con consideraciones complementarias. Voy a centrarme ahora en algunos puntos que considero de interés para quien se decida a

---

[15] J. Moreau, *Rousseau y la fundamentación de la democracia,* Madrid, Espasa-Calpe, 1977, pág. 260.

tomar a Rousseau como punto de partida de sus reflexiones personales. Enumeraré esta consideraciones para una mayor claridad expositiva.

1. Comencemos por la propia teoría contractualista. Rousseau no consideró nunca que el establecimiento del pacto entre individuos constituye un hecho histórico [16]. Se trata, más bien, de una hipótesis teórica —o, si se quiere, de «una construcción analítica»— que sirve de marco de referencia para obligar a cada legislador a que dé sus leyes *como si* pudieran haber nacido de la voluntad reunida de todo un pueblo, para que considere a cada ciudadano *como si* hubiera estado de acuerdo con una voluntad tal. Por decirlo con palabras de un neocontractualista actual: «La idea directriz es que los principios de la justicia para la estructura básica de la sociedad son el objeto del acuerdo original. Son los principios que las personas libres y racionales interesadas en promover sus propios intereses aceptarían en una posición inicial de igualdad como definitorios de los términos fundamentales de su asociación.» [17]

Rousseau encuentra la teoría contractualista en el ambiente de su época, si bien la idea de una convención o pacto como origen del Estado es casi tan vieja como la filosofía [18]. Hobbes, Locke y Spinoza ofrecieron sendas interpretaciones del contrato social, aunque con proyecciones sociopolíticas muy dispares. Pese a sus profundas diferencias, estos autores y Rousseau se hallaban identificados con una serie de ideas que

---

[16] Ello ha hecho que se considere el contractualismo como una teoría débil. Cfr. al respecto P. Casini, *Il Patto Sociale,* Florencia, Sansoni, 1974, pág. 3. Ya D. Hume criticó esta falta de fundamentación histórica: «Del Contrato Social», en *Ensayos Políticos,* Madrid, Unión Editorial, 1975, pág. 124.

[17] J. Rawls, *Teoría de la Justicia,* Madrid, Fondo de Cultura Económica, 1979, pág. 28.

[18] Un resumen breve de los antecedentes históricos de la teoría del contrato social puede verse en W. Kendall, voz «Contrato Social», en *Enciclopedia Internacional de las Ciencias Sociales,* Madrid, Aguilar, 1977, tomo 3, páginas 146-147.

Maquiavelo fue el primero en formular y que podemos resumir así: *a)* El hombre y la sociedad no son contemporáneos (según creían los pensadores anteriores); la sociedad, al igual que el gobierno, el derecho, la justicia y la moralidad, es un producto humano, que el hombre es libre de modificar u ordenar de acuerdo con sus deseos. *b)* El hombre «natural», es decir, el hombre que ha existido con anterioridad a la fundación de la sociedad, no es (como afirmaba la antigua tradición) social o político «por naturaleza»; por el contrario, el hombre decidió participar en la sociedad y sigue participando en ella, movido por cierto miedo o terror, dictado por la horrible perspectiva que le aguardaba en el supuesto de la no participación; el hombre «llega a ser» social o político solamente en virtud de las cualidades que la sociedad imprime a su naturaleza a través de un largo proceso de habituación (el hombre, como dijo Maquiavelo, no es ni bueno ni malo por naturaleza, sino simplemente maleable). *c)* El objeto propio de la filosofía política no es la «perfección» o el «fin» del hombre —o, en frase de Rousseau, «los hombres como debieran ser»—, sino los hombres como son; la filosofía política no debe perder las energías en lo que Maquiavelo llamaba «utopías imaginarias», sino que ha de tratar de establecer sociedades reales capaces de atender a las necesidades y deseos del hombre tal como sabemos que es. *d)* No existe ninguna ley natural o divina que imponga en cualquier circunstancia o lugar a los hombres obligaciones «legales» mutuas y respecto a la sociedad misma, de las cuales se derivan sus «derechos». En este punto, los contractualistas fueron más lejos que Maquiavelo, quien no se había preocupado en absoluto de los derechos, y sostuvieron que el único principio seguro al respecto es que cada hombre nace con el «derecho» a «su propia conservación» y a escoger libremente los «medios» para ello [19].

---

[19] Recojo estas ideas de W. Kendall, *ídem,* pág. 145.

Dicho cuál es el denominador común del contractualismo, hora es ya de establecer diferencias, pues, de hecho, Hobbes ha sido vinculado con el autoritarismo y la dictadura modernos; Locke, con la democracia constitucional, y Rousseau, con la Revolución Francesa y el gobierno «absoluto» de la mayoría. Realmente, esta disparidad de consecuencias debería hacernos dudar de la solidez del supuesto teórico original. O invirtiendo los términos, dado el denominador común del contractualismo, las diferencias podrían ser aparentes, con lo que tanto Hobbes como Rousseau podrían estar comprometidos con una visión totaliaria del poder político, más allá de las intenciones democráticas y liberales del filósofo ginebrino. Veremos esta interesante cuestión más adelante; por ahora baste destacar que lo importante aquí no es tanto el hincapié en el supuesto teórico del contrato originario, sino la forma de concebir el «estado de naturaleza» primitivo, a cuya situación intenta poner remedio la creación del orden social. Esta concepción de la situación original del hombre no es, pues, indiferente a la ulterior legitimación de las formas de organización social, que habrá de subordinarse a las características de las limitaciones naturales que se tratan de superar [20]. Habida cuenta de que esa condición original de la naturaleza humana aparece como una noche en la que todos los gatos son pardos, bastará con elegir la descripción que resulte más idónea para la concepción del orden social que quiere legitimar [21].

De esta forma, para Hobbes, el hombre es *a radice* un ser malvado, inteligente e insociable, y el «estado de naturaleza»,

---

[20] Véase al respecto C. B. MacPherson, *La teoría política del individualismo posesivo,* Barcelona, Fontanella, 1970.

[21] El propio Rousseau explicitó claramente esta cuestión. Éstas son sus palabras: «Pues no es tarea fácil la de desentrañar lo que hay de original y de artificial dentro de la actual naturaleza del hombre, y de conocer un estado que ya no existe, que a lo mejor nunca existió, que probablemente no existirá jamás y acerca del cual es preciso, sin embargo, tener unas justas nociones para opinar cabalmente sobre nuestro presente...

una guerra de todos contra todos. Esta situación es tan particularmente intensa que sólo un Estado totalitario es capaz de garantizar el orden social frente a los procesos disgregadores naturales. El resultado del contrato social, al que se recurre más por miedo que por convicción racional y libre, es la renuncia al derecho natural sobre todas las cosas que cada uno tiene en favor de un tercero, el soberano, que, por lo demás, no es parte contratante ni queda, por tanto, ligado a obligación alguna hacia sus súbditos. El Estado Leviatán goza entonces de un poder absoluto sobre los súbditos, única forma de mantener una paz y un orden sociales[22].

Locke parte de una concepción contrapuesta. En su «estado natural», los hombres son razonables y, como tales, hacen un buen uso de su libertad. La benevolencia y la sociabilidad priman sobre los instintos agresivos y egoístas. El contrato social sólo trata de garantizar, mediante la fuerza de la ley, lo que ya tenía plena vigencia en el reino de la espontaneidad. Los individuos, al pasar al «estado civil», no hacen cesión de sus derechos —y principalmente no abandonan su libertad—, sino que se limitan a otorgar voluntariamente su representación a una mayoría de contratantes para que los administre en bien de todos. El único orden social legítimo es, así, un Estado parlamentario y liberal[23].

Para Rousseau, el hombre presocial está impulsado por el amor a sí mismo, pero el amor a sí mismo no se contrapone a los sentimientos de simpatía y compasión. No es sociable

---

No cabe tomar las búsquedas que uno pueda acometer al respecto por unas virtudes históricas, sino únicamente por unos razonamientos hipotéticos y condicionales, más bien propios a esclarecer la naturaleza de las cosas que a mostrar su origen verdadero y parecidos a los que nuestros físicos hacen a diario acerca de la formación del mundo.» (*Discurso sobre el origen y los fundamentos de la desigualdad entre los hombres,* Barcelona, Península, 1970, páginas 28 y 36-37.)

[22] Th. Hobbes, *Leviatán,* Madrid, Editora Nacional, 1979.
[23] J. Locke, *Ensayo sobre el gobierno civil,* Madrid, Aguilar, 1969.

por naturaleza, pero sí libre, inocente y feliz, en la medida en que sus deseos no superan sus necesidades físicas. Por eso no tiene ambición ni siente inquietud; carece, además, de previsión y curiosidad. El medio natural limita los deseos humanos, ya que éstos se despiertan ante la presencia de sus objetos, y al hombre presocial se le presentan pocos objetos deseables. Por último, el «estado natural» es aún el reino de la premoralidad. Al no haber propiedad, carecen de sentido los conceptos de justicia e injusticia. No obstante, al seguir los impulsos de la necesidad y de la simpatía ocasional, el hombre natural es bueno.

De este modo, el hombre entra en el reino de la moralidad cuando, mediante el pacto social, ingresa en el orden civil. Cotta ha defendido por ello la existencia en el pensamiento rousseauniano de una primacía de la política en el sentido de que concibe a ésta como la respuesta global a los problemas del hombre [24]. Esta primacía de la política nos remite a una peculiar interpretación del mal, cuyo origen atribuye Rousseau totalmente a la sociedad. El mal es la «desigualdad», la injusticia social. Por ello, el compromiso ético de la victoria del bien sobre el mal se identifica necesariamente con el compromiso político de la transformación de la sociedad. La política, pues, establece la moral.

Como ha señalado MacIntyre, «el sencillo y poderoso concepto fundamental de Rousseau es el de una naturaleza humana que está cubierta y distorsionada por las instituciones políticas y sociales existentes, pero cuyos auténticos deseos y necesidades nos proporcionan una base para la

---

[24] S. Cotta, «La position du problème de la politique chez Rousseau», en *Études sur le Contrat Social de J.-J. Rousseau* (Actas de las jornadas de estudio celebradas en Dijon del 3 al 6 de mayo de 1962). La tesis ha sido recogida por L. Colletti, *Ideología y sociedad,* Barcelon, Fontanella, 1975, págs. 208 y ss.

moral y una medida de la corrupción de las instituciones sociales»[25]. La «salvación» no se confía ya a la religión, sino a la política. No se espera la redención de ayudas exteriores («ningún dios la puede dar»), sino tan sólo del hombre. Cuando haya caído la forma coercitiva de sociedad hasta ahora vigente y sea sustituida por la forma de una libre comunidad ético-política, habrá llegado la hora de la redención.

2. A manera de contrapunto, vayamos ahora a la idea sugerida antes: la interpretación de Rousseau en términos de un totalitarismo implicado del que no podría escapar. El *locus* de esta interpretación es la idea rousseauniana de la voluntad general que, al establecer que la voluntad de la mayoría es la del conjunto que forma el cuerpo soberano, realiza una operación hipostática, así como en su exclusión de cualquier balanza o equilibrio de poderes: sólo hay en el Estado un poder supremo al que todos los demás están subordinados.

A ello habría que añadir la repulsa de Rousseau a que se formen en la sociedad facciones o asociaciones parciales a expensas del Estado, principio que fue aprovechado por la burguesía francesa para suprimir toda asociación laboral por la ley de Le Chapelier (1791). Rousseau basa este rechazo en su supuesto de que hay un único bien común, que los deseos y necesidades de todos los ciudadanos coinciden en este bien y que no hay agrupamientos sociales irreconciliables dentro de la sociedad. He aquí una tesis característica del armonicismo social de la filosofía política tradicional, que sitúa a Rousseau en los antípodas de la tesis marxista de la contradicción de los intereses económico-sociales en las sociedades con un régimen de propiedad privada. Como señala Savater, «lo que conviene al Todo es una sociedad de

---

[25] A. MacIntyre, lugar citado en nota 1, pág. 179.

individuos *sin comunicación entre sí* e informados exclusivamente por él, átomos aislados e idénticos, equivalentes frente al poder que los posee, incapaces de agruparse en instituciones intermedias que pueden obstaculizar el pleno dominio del Estado»[26].

Hay, además, anotaciones de Rousseau que dan pie a que se lo tenga por un autoritario. Valga este ejemplo: «Para que el pacto social no sea una fórmula vana —afirma—, entraña tácitamente este compromiso, el único que puede dar fuerza a los demás, de que cualquiera que se niegue a obedecer será obligado a ello por todo el cuerpo: lo cual no significa otra cosa sino que se le forzará a ser libre.»[27] Ya hemos visto su desconfianza en la viabilidad de un gobierno democrático de participación directa de todos. Mucho menos cree en la posibilidad de alcanzarlo mediante una revolución. «No hay en el mundo hombre —escribe— que sienta un respeto más verdadero por las constituciones nacionales, que tenga más aversión a las revoluciones»[28].

He aquí un pesimismo en Rousseau que ensombrece su tradicional fe en el hombre. Me refiero a su total desconfianza en la posibilidad de liberar a los pueblos una vez que «las costumbres y los prejuicios» han arraigado en ellos.

---

[26] F. Savater, lugar citado en nota 4, pág. 22. Savater subraya que: «a) *El Contrato Social* es el libro clave en el proceso de interiorización racional del poder separado que constituye el Estado moderno, y b) en él se encuentran las claves no del totalitarismo sin más, sino del proceso totalizador que lleva al reforzamiento e hipóstasis fetichista del Estado.»

[27] *El Contrato Social,* libro I, capítulo VII.

[28] Citado por A. Rodríguez Huéscar, Introducción a *El Contrato Social,* Madrid: Aguilar, 1969, pág. 36. Más explícito es todavía Kant en su oposición a las revoluciones: «La resistencia por parte del pueblo al supremo poder legislativo del Estado no es legítima en ningún caso... El pueblo no tiene ningún derecho a la sedición y mucho menos a la rebelión... Constituye un deber para el pueblo soportar cualquier abuso del poder supremo, aun en el caso de que lo considere insoportable» *(Fundamentos Metafísicos de la Doctrina del Derecho),* citado por M. Rader, *Ética y Democracia,* Estella, Verbo Divino, 1975, pág. 107.

Pues, ¿qué podemos hacer con los Estados actuales constituidos en los que reina la injusticia y la desigualdad? La respuesta de Rousseau es bastante descorazonadora: dejarlos que prosigan su incontenible marcha hacia la descomposición y la extinción; una tesis que, en cierto sentido, recuerda la decadencia irreversible de las culturas sostenida por Spengler en *La Decadencia de Occidente*. «Al igual que el cuerpo del hombre —escribe—, el cuerpo político comienza a morir desde su nacimiento y lleva en sí mismo las causas de su destrucción» [29].

Sin embargo, es más tarde, en la carta que escribe a Mirabeau en 1767 —citada por Chevallier—, cuando su autoritarismo desconfiado halla una expresión más firme. Después de plantear lo que él considera el gran problema de la política —«encontrar una forma de gobierno que ponga la ley por encima del hombre»— y de equipararlo al de la cuadratura del círculo, agrega: «Si esta forma es encontrable, busquémosla y tratemos de establecerla; si desgraciadamente esta forma no es encontrable, y confieso ingenuamente que creo que no lo es, mi opinión es que hay que pasar al otro extremo y poner de una vez al hombre tan por encima de la ley como pueda estarlo; por consiguiente, establecer el despotismo arbitrario, y el más arbitrario que sea posible: yo quisiera que el déspota pudiera ser Dios. En una palabra, no veo término medio soportable entre la más austera democracia y el hobbismo más perfecto, pues el conflicto de los hombres y de las leyes, que pone al Estado en una guerra intestina continua, es el peor de todos los estados políticos.»

Es, pues, comprensible que un considerable número de historiadores hayan reprochado a Rousseau haber prestado un flaco servicio a la causa de la libertad, abriendo de hecho las puertas al despotismo, el colectivismo y el totalitarismo.

---

[29] *El Contrato Social,* libro III, capítulo XI.

En Francia fue censurado por haber sacrificado, en su teoría de la soberanía, los derechos del individuo a la omnipotencia del Estado. Este error, dijo Benjamín Constant en 1815, hace de *El Contrato Social,* «invocado con tanta frecuencia en defensa de la libertad, el arma más terrible de todas las formas de despotismo» [30]. Un siglo después, el jurista León Duguit calificó a Rousseau como «la fuente de todas las doctrinas de la dictadura y la tiranía, desde las doctrinas de los jacobinos en 1793 hasta las doctrinas bolcheviques de 1920» [31] También es significativo que el especialista rousseauniano Vaughan lo considere como antilockeano: «... mientras que el contrato de Locke está expresamente destinado a preservar y confirmar los derechos del individuo, el de Rousseau produce, y está destinado a producir, su destrucción. El primero es la carta del individualismo. El segundo, si bien con ciertas matizaciones capitales, es una forma extrema de colectivismo» [32]. Más recientemente, J. L. Talmon ha sostenido que las ideas de Rousseau eran culpables del nacimiento de la democracia totalitaria [33].

Estas interpretaciones, basadas en el concepto de «entrega total» de los derechos individuales y en la absoluta soberanía del Estado sobre sus miembros deriva de *El Contrato Social* unas conclusiones que, a juicio de los mejores comentaristas de Rousseau, son fundamentalmente antagónicas con respecto a las intenciones de su autor. Resulta difícil pasar por alto que, para Rousseau, la libertad es la más preciada de las posesiones, un don que la naturaleza ha hecho a los hombres.

---

[30] H. B. Constant, «Principes de Politique», en *Oeuvres,* París, Gallimard, 1957, pág. 1105.

[31] L. Duguit, *Souveraineté et liberté,* París, Alan, 1922, pág. 135.

[32] C. E. Vaughan, «Introduction», vol. 1, en J.-J. Rousseau, *Political Writings,* Nueva York, Wiley, 1962, pág. 48.

[33] J. L. Talmon, *Los orígenes de la democracia totalitaria,* Madrid, Aguilar, 1956.

W. Chapman, por ejemplo, en su crítica a Talmon, ha recordado que «el legislador de Rousseau no es un jefe carismático» y que «la autonomía individual es la clave de la teoría moral y política rousseauniana» [34]. Ciertamente, Rousseau afirmaba que la entrega de los derechos individuales mediante el contrato social es sólo aparente, puesto que al final los individuos recobran los derechos a los que inicialmente han renunciado.

Interpretaciones eruditas al margen, parece claro que ningún régimen totalitario ha proclamado a Rousseau como su inspirador; más bien han condenado sus obras. Ciertamente, su teoría de la voluntad general constituye una garantía de los derechos individuales más que un sacrificio de los mismos. Es de recordar que, para Rousseau, el ciudadano, al someterse por sí mismo a la voluntad general y a las leyes que prescribe, no obedece a nadie más que a sí mismo y, en consecuencia, «sigue siendo tan libre como antes». ¿Constituye esto un sueño irrealizable? ¿Pertenece al reino de la utopía la organización social que preconiza el filósofo ginebrino? Esto es precisamente lo que vamos a ver en el punto siguiente.

3. Rousseau está, lógicamente, mediatizado por la circunstancia histórica en que vive, si bien no se puede interpretar su obra sino como una reacción contra la ideología de una burguesía comercial y financiera que se está presentando como clase hegemónica nacional. De ahí sus contradicciones, y en concreto su captación de la contradicción política del mundo moderno —la conjunción de igualdad y libertad—, y su ceguera para comprender la contradicción real-sociológica. Detengámonos en este punto.

---

[34] W. Chapman, *Rousseau, Totalitarian or Liberal?*, Nueva York, Columbia University Press, 1956.

En el libro IV del *Emilio,* Rousseau había explicado el amor al prójimo en función del amor que nos tenemos a nosotros mismos, esto es, en términos de un egotismo. Por otra parte, una de las cláusulas del pacto social es que cada individuo se enajena con todos sus derechos a *toda* la comunidad, por lo que «dándose a todos, no se da a nadie». Como ha señalado con toda razón Della Volpe, ello «contribuyó históricamente a realizar la igualdad *humanitaria en el ámbito del derecho civil o político,* situando la "ley", en cuanto expresión de la voluntad general dimanante del contrato en lugar de las "ordenanzas", "cédulas" y "edictos" regios: la igualdad *política* instaurada por la Revolución francesa, de donde surgió la emancipación (política) del hombre "común". Pero también es verdad que al fundamentarse ideológicamente la "voluntad general", constituyente del nuevo "cuerpo político", en la "conciencia moral" como "sentimiento de la humanidad", o amor humanitario, y al no ser este sentimiento sino el *egotismo* antes señalado, en el cual se resuelve el individualismo cristiano tradicional, llegamos a la conclusión de que la igualdad instituida por y para tal cuerpo político sólo puede justificarse como el tipo de igualdad que aquel *egotismo* permite. Es decir: la igualdad-desigualdad que resulta de concebir *la igualdad en función de la libertad,* pero *no también a la recíproca.* Y no justamente porque la *persona,* con que la *libertad* coincide, es aquel individuo abstracto, solitario, presocial, prehistórico: la *persona originaria,* cristiana, principio y fin de ese *egotismo* llamado *amor humanitario* (en cuanto laicización típica de la *caritas*)»[35].

El concepto, pues, de libertad que maneja Rousseau tiene un carácter formal, abstracto, jurídico. Se trata de legitimar

---

[35] G. della Volpe, *Rousseau y Marx,* Barcelona, Martínez Roca, 1972, págs. 19-20.

una autonomía originaria, al margen de la historia en la medida en que es prehistórica. A ello me refería antes al hablar de la ceguera de Rousseau para captar la contradicción real-sociológica, esto es, para no involucrar la contradicción política en el seno de las contradicciones económico-sociales, pese a que es consciente de la amenaza que se cierne sobre la comunidad política en virtud de las «desigualdades» económicas que existen entre los individuos [36]. Habría que decir, como disculpa a esta ceguera, que Rousseau está pensando en un Estado pequeño formado en esencia por campesinos, artesanos y pequeños comerciantes, anterior a la revolución industrial, y que, en consecuencia, la idea que tiene de propiedad es la referida a los bienes de uso adquiridos por el trabajo personal, sin entrar en la propiedad de los instrumentos esenciales al proceso de producción.

He aquí, pues, el equívoco rousseauniano: creer que está emancipando al «pueblo», al emancipar al plebeyo, en quien —como dice Della Volpe— «veía encarnado particularmente su tipo de "hombre" (común), es decir, el artesano, el pequeño propietario, etc., la pequeña y media burguesía, en suma, proporcionaba las razones ideales de la emancipación no de *todo* el pueblo, o sea, simplemente del *pueblo,* sino de la burguesía, de *toda* la burguesía, pequeña y grande, de una sola *clase*»[37]. El proletariado, en el que se manifiesta de forma eminente la naturaleza orgánica y organizadora del trabajo, queda fuera del cuadro ideológico presentado por Rousseau.

Dicho esto, es totalmente imposible ver en *El Contrato Social* la expresión pura y simple del individualismo burgués, la sublimación teórica de la práctica del contrato

---

[36] Ello hace que se dé un alejamiento entre Rousseau y el marxismo, como hace ver con acierto Ernst Bloch, lugar citado en nota 3, pág. 198.

[37] G. della Volpe, lugar citado en nota 35, págs. 20-21.

comercial, del toma y daca formulado por dos partes. Sin duda, como ha mostrado muy bien Althusser [38], no es por azar que Rousseau, para plantear el problema fundamental de la vida política, recoja el viejo término de contrato, que por sí mismo implica que se reconoce el primado del individuo y que se acepta en el punto de partida la idea de una guerra de todos contra todos, de una lucha por la vida a la que se verían constreñidos los individuos, dada la exigüidad del globo terrestre, a llevar unos contra otros. En una sociedad en la que el individuo recibe su existencia, su subsistencia y su razón de ser de la colectividad, la idea de contrato parece impensable, e incluso la de «individuo» está desprovista de significación profunda: un miembro no podría discutir con el conjunto del cuerpo y hacer un contrato ya sea con el conjunto o con otros miembros; no puede hacer más que armonizarse con el conjunto.

Ciertamente, tiene un carácter utópico la idealización rousseauniana de los pequeños Estados a imagen del cantón de Ginebra, pero sería desconocer su obra suponer que Rousseau sólo admitía las formas de democracia directa, si bien defiende que a medida que se agranda el Estado disminuye la libertad. Con ello, el Estado ideal de Rousseau se acerca más a las utopías políticas de Campanella o de Moro que al realismo de Maquiavelo, Locke o Hobbes. En su descargo hay que decir que no se trata ni mucho menos de una utopía pura desde el momento en que el ginebrino hace referencia constantemente a modelos históricos, y, sobre todo, que, contraponiendo el estado civil legítimo, que es «ideal» más que utópico, al Estado civil adulterado y corrompido, Rousseau está marcando la línea que debe seguir la crítica y

---

[38] L. Althusser, «Sobre el "Contrato Social"», en C. Lévi-Strauss y otros, *Presencia de Rousseau,* citado en nota 6, pág. 57-101. Este artículo fundamental se ha recogido también en L. Althusser y otros, *Para una crítica del fetichismo literario,* Madrid, Akal, 1970, págs. 87-122.

la reconstrucción social. Las dificultades de llevar a cabo esta reconstrucción en Estados ya evolucionados no tanto confiere un carácter utópico a la posición de Rousseau cuanto que subraya su realismo práctico: la imposibilidad de la realización de su proyecto político viene marcada por el carácter *ahistórico* de sus supuestos y el abismo que abre entre el individuo y la comunidad. Los párrafos en que Rousseau afirma la imposibilidad de llevar a la práctica un régimen de democracia directa constituyen «un grito de desesperación al reconocer que la mecánica política exige el establecimiento de numerosas funciones delegadas, lo que a la postre supone un cambio en la administración; que el equipo más restringido que resuelve los asuntos (lo que nosotros llamaríamos "ejercicio cotidiano del poder") acaba, naturalmente, por tener más autoridad (formación de la élite de personal político). Rousseau tenía la suficiente lucidez para entrever los peligros; pero si reconoce que la democracia no es perfecta, eso no invalida las bases de la legitimidad democrática, con todas las imperfecciones que pueda tener» [39].

No hay, pues, en Rousseau un divorcio de la realidad, de forma que pertenece al pasado su interpretación como el filósofo utópico de los «pequeños Estados», al igual que la interpretación socialdemócrata en clave iusnaturalista [40] del mensaje rousseauniano acerca de la libertad y de la personalidad humana, donde el nexo histórico Rousseau-socialismo consistiría en una reducción externa, anacrónica, de la instancia socialista a la Declaración de los derechos del hombre y del ciudadano. Por el contrario, la esencia fecunda del mensaje rousseauniano sobre la libertad (igualitaria) —como hace ver

---

[39] M. Tuñón de Lara, lugar citado en nota 9, pág. 26.

[40] Cfr., por ejemplo, la interpretación de R. Mondolfo, *Rousseau y la conciencia moderna,* Editorial Universitaria de Buenos Aires, 1962.

Della Volpe— ha de buscarse «en la exigencia universal (democrática) del "mérito" personal, o sea, en la exigencia del reconocimiento (social) de *todo* individuo humano, con sus aptitudes y necesidades peculiares: gracias a lo cual la repartición *proporcional* a cada individuo ("diferente") de los productos del trabajo en la sociedad comunista, desarrollada por Marx en la *Crítica del programa de Gotha* y por Lenin en *Estado y Revolución,* está destinada a representar la *satisfacción* histórica de la instancia rousseauniana del mérito personal: en este caso, en el aspecto fundamental de la vida económica del individuo»[41]. No hay, en suma, en un aspecto fundamental y pese a las diferencias que he venido apuntando más atrás, una disociación radical entre los dos pensadores políticos —Rousseau y Marx— que más se han ocupado de sentar las bases racionales sobre las que cabe una emancipación social del hombre.

Las divergencias —muchas— y los silencios —más aún— de Rousseau respecto a muchas cuestiones que fueron desarrolladas después de él por el pensamiento político liberador se explican, a mi juicio, más por las lógicas limitaciones de su situación histórica preindustrial que en función de un temor por su parte a llevar a sus últimas consecuencias una racionalización radical de la vida en sociedad. Los oportunistas de turno, los exegetas interesados y los reformistas timoratos han silenciado o tergiversado el pensamiento del filósofo ginebrino, su sincera sed de libertad, de igualdad y de justicia. Y frente a estas manipulaciones sólo cabe una respuesta correcta, la que tú, lector, te dispones a dar: leer directamente a Rousseau.

---

[41] G. della Volpe, lugar citado en nota 35, págs. 15-16. Otra crítica a la interpretación de Rousseau como un utópico —esta vez desde un ángulo liberal— puede verse también en R. Grimsley, lugar citado en nota 14, págs. 123 y sigs.

BIBLIOGRAFÍA

EDICIONES DE *EL CONTRATO SOCIAL*

Francesas:

Oeuvres Complètes, 12 vols. París, Hachette, 1871-1877, conocida como la edición «vulgata» de las obras de Rousseau.

Oeuvres Complètes, 5 vols. Dirs.: B. Gagnebin y M. Raymond, París, Bibliothèque de la Pléiade, Gallimard, 1959-1979.

Oeuvres Complètes, Ed. de H. Roddier, París, Garnier, 1960.

Oeuvres Complètes, 3 vols. Prólogo de J. Fabre. Introducción, presentación y notas de M. Launay. París, Eds. Du Seuil, col. L'Intégrale, 1971.

Du Contrat Social, Ed. de J.-L. Lecercle, París, Éds. Sociales, 1955.

Du Contrat Social, Edición crítica con un ensayo de B. de Jouvenel, Ginebra, Cheval Ailé, 1947.

Inglesas:

Political Writings, 2 vols. Dirección, introducción y notas de C. E. Vaughan, Nueva York, Wiley, 1962.

The Social Contract, Londres, Dent, 1962.

Castellanas:

El Contrato Social, Madrid, Aguilar, 1969. Introducción de A. Rodríguez Huéscar; traducción de Consuelo Berges.

Contrato Social, Madrid, Espasa-Calpe, col. Austral, 1980. Prólogo de M. Tuñón de Lara; traducción de Fernando de los Ríos.

Del Contrato Social. Discursos, Madrid, Alianza, 1980. Prólogo, traducción y notas de Mauro Armiño.

SOBRE LA ILUSTRACIÓN

ADORNO, T. W. y HORKHEIMER, M.: *Dialéctica del Iluminismo,* Buenos Aires, Sur, 1969.

BURY, J.: *La idea de progreso,* Madrid, Alianza, 1971.

CASSIRER, E.: *Filosofía de la Ilustración,* México, Fondo de Cultura Económica, 1943.

GAY, P.: *The Enlightment: An interpretation,* Londres, Weidenfeld and Nicolson, 1965.

GOLDMANN, L.: *La Ilustración y la sociedad actual,* Barcelona, Monte Ávila, 1973.

GOULEMOT-LAUNAY: *El siglo de las luces,* Madrid, Guadarrama, 1969.

GRIMBERG, C.: *El siglo de la Ilustración,* Madrid-Barcelona-México, Daimon, 1973.

GUSDORF, G.: *Naisance de la conscience romantique au siècle des lumières* y *Les principes de la pensée au siècle des lumières,* París, Payot, 1969.

MACPHERSON, C. B.: *La teoría política del individualismo posesivo,* Barcelona, Fontanella, 1970.

MORNET, D.: *Los orígenes intelectuales de la Revolución Francesa,* Buenos Aires, Paidós, s/f.

OELMÜLLER, W.: *La Ilustración insatisfecha,* Salamanca, Sígueme, 1969.

VENTURI, F.: *Los orígenes de la Enciclopedia,* Barcelona, Grijalbo, 1972.

SOBRE ROUSSEAU

ALTHUSSER, L.: «Sur le Contrat Social», publicado en castellano en Althusser y otros: *Para una crítica del fetichismo literario,* Madrid, Akal, 1970, págs. 87-122.

ANSART-DOURLEN, M.: *Dénaturation et violence dans la pensée de J.-J. Rousseau,* París, Sirey, 1972.

BAUD-BOVY, S., y otros: *J.-J. Rousseau,* Neuchâtel, La Baconnière, 1962. Incluye «Rousseau, fondateur des sciences de l'home», de Lévi-Strauss, y «L'unité de la pensée de Rousseau», de Derathé.

BURGELIN, P.: *La philosophie de l'existence de Rousseau,* París, Presses Universitaires de France, 1952.

CAMERON, D.: *The social Thought of Rousseau and Burke,* Londres, Weidenfeld and Nicolson, 1973.

CASINI, P.: *Introduzione a Rousseau,* Bari, Laterza, 1974.

COBBAN: A.: *Rousseau and the Modern State,* Londres, Allen and Unwin, 1964.

COLLETTI, L.: «Rousseau, crítico de la sociedad civil», en *Ideología y sociedad,* Barcelona, Fontanella, 1975.

CHAPMAN, J. W.: *Rousseau: Totalitarian or Liberal?,* Nueva York, Columbia University Press, 1956.

CHARVET, J.: *The social problem in the philosophy of Rousseau,* Cambridge University Press, 1956.

DERATHÉ, R.: *Le rationalisme de Rousseau,* París, P. U. F., 1948.

—*Rousseau et la science politique de son temps,* París, Vrin, 1970.

EBENSTEIN, W.: «Los grandes pensadores políticos», Madrid, *Revista de Occidente,* 1965.

FABRE, J.: *Realité et utopie dans la pensée de Rousseau,* París, Du Seuil, 1970.

FETSCHER, I.: *Rousseaus politische Philosophie,* Nauwied (Alemania), Luchterhand, 1960.

GRIMSLEY, R.: *La filosofía de Rousseau,* Madrid, Alianza, 1977.

HENDEL, C. W.: *J.-J. Rousseau Moralist,* Oxford University Press, 1964.

LACHARRIÈRE, R. de: *Études sur la théorie démocratique (Spinoza, Rousseau, Hegel, Marx),* París, Payot, 1963.

LECERCLE, J.-L.: *J.-J. Rousseau, modernité d'un classique,* París, Eds. Sociales, 1973.

LÉVI-STRAUSS, C., y otros: *Presencia de Rousseau,* Buenos Aires, Nueva Visión, 1972.

MONDOLFO, R.: *Rousseau y la conciencia moderna,* Editorial Universitaria de Buenos Aires, 1962.

MOREAU, J.: *Rousseau y la fundamentación de la democracia,* Madrid, Espasa-Calpe, 1977.

POLIN, R.: *La politique de la solitude, Essai sur la Philosophie Politique de J.-J. Rousseau,* París, Sirey, 1971.

SALOMON-BAYET, C.: *Rousseau,* París, Seghers, 1970.

SAVATER, F.: «Rousseau y la Constitución», en *El Viejo Topo,* 26 (1978), págs. 19 y sigs.

SHKLAR, J. N.: *Men and Citizens. A Study of Rousseau's Social Theory,* Cambridge University Press, 1969.

STAROBINSKI, J.: *Jean-Jacques Rousseau. La transparence el l'obstacle,* París, Gallimard, 1971.

TALMON, J. L.: *Los orígenes de la democracia totalitaria,* Madrid, Aguilar, 1956, tomo I, págs. 45 y sigs.

Varios: *Rousseau et son oeuvre. Problèmes et recherches,* París, Klincksieck, 1964.

VOLPE, G. della: *Rousseau y Marx,* Barcelona, Martínez Roca, 1969.

SOBRE LAS TEORÍAS DEL CONTRATO SOCIAL

ALTHUSSER, L.: «Sur le Contrat Social», en Althusser, L., y otros: *Para una crítica del fetichismo literario,* Madrid, Akal, 1970, págs. 87-122.

ATGER, F.: *Essai sur l'histoire des doctrines du contrat social,* París, F. Alcan, 1906.

CASINI, P.: *Il patto sociale,* Florencia, Sansoni, 1975.

DURKHEIM, E.: *La contribution de Montesquieu à la constitution de la Science Sociale* y *Le «Contrat Social» de Rousseau* (edición conjunta), París, Librairie de M. Rivière, 1966.

GOUGH, J. W.: *The social contract. A Study of its development,* Oxford University Press, 1957.

HERNÁNDEZ RUBIO, J. M.: «Pacto social, pacto político», en *Diccionario de Ciencias Sociales,* Instituto de Estudios Políticos, Madrid, 1976.

KENDALL, W.: «Contrato Social», en *Enciclopedia Internacional de las Ciencias Sociales,* Madrid, Aguilar, 1977.

LEGROS, R.: «Du Contrat Social à la pensée dialectique», en *Annales de l'Institut de Philosophie,* Université Libre de Bruxelles, 1977, págs. 87 y sigs.

SABINE, G. H.: *Historia de la teoría política,* México, Fondo de Cultura Económica, 1965.

TOHARIA, J.-J.: «Contrato Social», en *Diccionario de Ciencias Sociales,* Madrid, Instituto de Estudios Políticos, 1976.

TUSSMAN, J.: *Obligation and the Body Politic,* Nueva York, Oxford University Press, 1972.

VECCHIO, G. del: «Sobre la teoría del contrato social», en *Persona, Estado y Derecho,* Madrid, Instituto de Estudios Políticos, 1957.

NOTA SOBRE LA TRADUCCIÓN

La traducción castellana de *El Contrato Social* ha sido hecha sobre la base del texto francés en la edición póstuma de 1782, tal y como ha sido fijado en la más reciente y completa de las ediciones aparecidas en el vecino país. Me refiero a la publicada por Éditions Du Seuil, Colección L'Intégrale. He cotejado esta última versión con el llamado «Manuscrito de Ginebra», incluido en el mismo volumen, así como con el libro del *Emilio,* donde Rousseau resumió las ideas fundamentales de *El Contrato Social.*

Igualmente, he introducido las notas del propio Rousseau (colocando su nombre al final de ellas), así como otras notas recogidas de las distintas ediciones francesas y castellanas, seleccionando las que pueden tener un mayor interés aclaratorio o informativo para el lector de hoy y dejando a un lado las que sólo revisten un carácter filológico e histórico. Soy deudor, en este aspecto, de la edición preparada por Mauro Armiño para la Editorial Alianza.

Por último, he observado en las versiones castellanas existentes algunos errores de bulto, algunos de ellos graves, incluyendo la amputación de párrafos originales. Hay versiones castellanas muy libres, que se apartan del estilo seco y conciso del texto rousseauniano; otras son tan sumamente fieles al texto francés que la lectura en castellano resulta difícil, plagada de galicismos y, en suma, poco fluida. En mi traducción he procurado compaginar la fidelidad al autor (a sus ideas y a su estilo) con un lenguaje cercano al lector actual en castellano.

ENRIQUE LÓPEZ CASTELLÓN

EL CONTRATO
SOCIAL

—Foederis aequas
Dicamus leges

(«Formulemos un pacto cuyas leyes sean equitativas»)

VIRGILIO, *Eneida,* Libro XI, verso 321.

ADVERTENCIA

Este pequeño tratado es un extracto de una obra más amplia, emprendida en otro momento sin haber consultado mis fuerzas y abandonada desde hace mucho tiempo. De los diversos fragmentos que se podían extraer de lo que ya estaba hecho, éste es el más considerable y el que me ha parecido menos indigno de ofrecer al público. El resto ya no existe.

LIBRO I

Quiero averiguar si puede haber en el orden civil alguna regla de administración legítima y segura, considerando a los hombres como son y a las leyes como pueden ser. En esta investigación intentaré siempre unir lo que permite el derecho con lo que prescribe el interés, para que no se encuentren escindidas la justicia y la utilidad.

Entro en materia sin demostrar la importancia de mi tema. Se me preguntará si soy príncipe o legislador para escribir sobre política. Contesto que no, y que por eso escribo sobre política. Si fuera príncipe o legislador no perdería el tiempo en decir lo que hay que hacer; lo haría o me callaría.

Nacido ciudadano de un Estado libre [1], y miembro del soberano [2], por poca influencia que pueda tener mi voz en los asuntos públicos, basta el derecho a votar respecto a éstos para imponerme el deber de instruirme en ellos; cuantas veces medito sobre los gobiernos, me alegro al encontrar siempre en mis investigaciones nuevas razones para amar al de mi país.

---

[1] La República de Ginebra.

[2] Unas veces se ha interpretado este término como una referencia al Consejo General de Ginebra, llamado el Soberano. Parece, en cambio, que Rousseau se está refiriendo al pueblo ginebrino.

Capítulo I

Tema de este primer libro

El hombre ha nacido libre, pero por doquier se halla encadenado. Hay quien se cree dueño de los demás, y no deja de ser más esclavo que ellos. ¿Cómo se ha dado este cambio? Lo ignoro. ¿Qué puede legitimarlo? Creo poder resolver esta cuestión.

Si no considerase más que la fuerza y el efecto que deriva de ella, diría: «Mientras que un pueblo está obligado a obedecer y obedezca, hace bien; pero en el momento en que puede sacudirse el yugo y se lo sacude, hace todavía mejor; pues al recobrar su libertad por el mismo derecho que se le arrebató, o está fundado el recuperarla o no lo estaba el habérsela quitado.» Pero el orden social es un derecho sagrado que sirve de base a todos los demás. Sin embargo, este derecho no procede de la naturaleza: se basa, pues, en las convenciones. Antes de entrar en ello debo ofrecer una base de lo que acabo de avanzar.

Capítulo II

Las primeras sociedades

La más antigua de todas las sociedades y la única natural es la familia, aunque los hijos no permanezcan unidos al padre más que el tiempo que lo necesitan para conservarse. En cuanto acaba esa necesidad se deshace el vínculo natural. Una vez que los hijos se ven libres de la obediencia que debían a su padre, y que el padre se halla exento de los cuidados que debía a sus hijos, todos recobran la independencia. Si siguen estando unidos, ya no es de una forma natural, sino voluntaria, y la propia familia se mantiene sólo por convención.

Esta libertad común es una consecuencia de la naturaleza del hombre. Su primera ley es velar por su propia conservación; sus primeros cuidados son los que se debe a sí mismo, y en cuanto alcanza la edad de la razón, al ser el único juez de los medios adecuados para conservarse, se convierte por ello en su propio dueño.

La familia es, pues, si queremos, el primer modelo de las sociedades políticas: el jefe es la imagen del padre, el pueblo es la imagen de los hijos, y al haber nacido todos iguales y libres no enajenan su libertad más que por su propia utilidad. Toda la diferencia consiste en que, en la familia, el amor del padre por sus hijos le compensa de los cuidados que le presta, y que, en el Estado, el placer de mandar sustituye a ese amor que el jefe no siente por sus pueblos.

Grocio niega que todo poder humano esté establecido en favor de los que son gobernados: cita como ejemplo la esclavitud[3]. Su forma más frecuente de razonar es la de establecer siempre el derecho por el hecho[4]. Podríamos emplear un método más consecuente pero no más favorable a los tiranos.

Resulta, pues, dudoso, según Grocio, que el género humano pertenezca a un centenar de hombres o que ese centenar de hombres pertenezca al género humano: en todo su libro parece inclinarse por la primera alternativa; éste es también el sentir de Hobbes. La especie humana aparece, así, dividida en rebaños de ganado, cada uno de los cuales con su propio jefe, quien lo guarda para devorarlo.

---

[3] Grocio, *De Iure belli ac pacis,* I, cap. 3, 8.

[4] «Las doctas investigaciones sobre el derecho público no son, a menudo, sino la historia de los antiguos abusos, y nos obstinamos inútilmente cuando nos esforzamos en estudiarlas demasiado.» Marqués de Argenson, *Traité des intérêts de la France avec ses voisins.* Eso es, precisamente, lo que ha hecho Grocio. (ROUSSEAU.)

Del mismo modo que un pastor es de naturaleza superior a la de su rebaño, los pastores de hombres, que son sus jefes, son también de naturaleza superior a la de sus pueblos. Según Filón[5], el emperador Calígula razonaba de este modo, concluyendo fácilmente, como consecuencia de esta analogía, que los reyes eran dioses o que los pueblos eran animales.

Este razonamiento de Calígula se parece al de Hobbes y al de Grocio. Antes que todos ellos, Aristóteles había dicho también que los hombres no son en modo alguno iguales por naturaleza, sino que unos nacen para la esclavitud y otros para la dominación[6].

Aristóteles tenía razón, pero tomaba el efecto por la causa. Todo hombre nacido en la esclavitud nace para la esclavitud; nada hay más cierto. Los esclavos lo pierden todo con sus cadenas, hasta el deseo de liberarse de ellas; aman su servidumbre como los compañeros de Ulises amaban su embrutecimiento[7]. Si hay, pues, esclavos por naturaleza, es porque hubo esclavos contra naturaleza. La fuerza hizo los primeros esclavos; su cobardía los ha perpetuado.

No he dicho nada del rey Adán, ni del emperador Noé, padre de tres grandes monarcas que se repartieron el universo, como hicieran los hijos de Saturno, a quienes se ha creído reconocer en ellos[8]. Espero que se me agradezca esta moderación, pues al descender directamente de uno de estos príncipes, y quizá de la rama primogénita, ¿quién sabe si, comprobando títulos, no resultaría ser yo el rey legítimo del género humano? En cualquier caso, no podemos negar que

---

[5] Autor de *De Legatione ad Caium,* traducido al francés en 1688.

[6] Aristóteles, *Política,* I, 1. Posiblemente Rousseau conocía este pasaje por estar citado por Pufendorf en *De Iure naturae et gentium.*

[7] Véase un breve tratado de Plutarco, titulado *Si los animales usan la razón.* (ROUSSEAU).

[8] Se refiere al libro de Robert Filmer, *Patriarcha, or the natural power of kings* (Londres, 1680), que John Locke había refutado en su *Tratado del gobierno civil,* I.

Adán haya sido soberano del mundo como lo fue Robinsón de su isla, por ser el único habitante, y lo que tenía de cómodo este imperio era que el monarca, asegurado en su trono, no tenía que temer ni rebeliones, ni guerras, ni conspiraciones.

Capítulo III

El derecho del más fuerte

El más fuerte no es nunca lo bastante fuerte para ser siempre el dueño si no transforma su fuerza en derecho y la obediencia en deber. De ahí el derecho del más fuerte; derecho tomado irónicamente en apariencia y establecido realmente en principio. Pero, ¿no se nos explicará nunca esta palabra? La fuerza es un poder físico; no veo qué moralidad puede resultar de sus efectos. Ceder a la fuerza es un acto de necesidad, no de voluntad; todo lo más, es un acto de prudencia. ¿En qué sentido podría ser esto un deber?

Consideremos por un momento este pretendido derecho. Yo afirmo que no resulta de él más que un galimatías inexplicable, pues desde el momento en que es la fuerza lo que hace el derecho, el efecto cambia con la causa: toda fuerza que supera a la primera sucede a su derecho. Desde el momento en que se puede desobedecer impunemente, se puede legítimamente, y como el más fuerte siempre tiene razón, no se trata sino de hacer de forma que sea el más fuerte. Ahora bien, ¿qué es ese derecho que se acaba cuando cesa la fuerza? Si hay que obedecer por fuerza, no se tiene necesidad de obedecer por deber, y si ya no se está forzado a obedecer, ya no se está obligado a hacerlo. Vemos, pues, que la palabra *derecho* no añade nada a la fuerza; no significa aquí absolutamente nada.

Obedeced al poder. Si esto quiere decir «ceded a la fuerza», el precepto es bueno pero innecesario, y contesto que nunca será violado. Reconozco que todo poder viene de Dios, pero también procede de él toda enfermedad; ¿quiere esto decir que esté prohibido llamar al médico? Si me sorprende un ladrón en un rincón del bosque, por fuerza he de darle mi bolsa; pero, si pudiera conservarla, ¿estaría obligado en conciencia a dársela? Pues, a fin de cuentas, la pistola que esgrime es también un poder.

Acordemos, pues, que la fuerza no constituye el derecho, y que no estamos obligados a obedecer más que a los poderes legítimos. De este modo, siempre sigue en pie mi primera cuestión.

CAPÍTULO IV

La esclavitud

Dado que ningún hombre tiene una autoridad natural sobre sus semejantes, y puesto que la naturaleza no produce derecho alguno, quedan, pues, las convenciones como la base de toda autoridad legítima entre los hombres.

Si un particular —dice Grocio— puede enajenar su libertad y hacerse esclavo de un amo, ¿por qué no podría todo un pueblo enajenar la suya y hacerse súbdito de un rey? Hay en esto muchas palabras equívocas que se han de aplicar; pero detengámonos en la de *enajenar*. Enajenar es dar o vender. Ahora bien, un hombre que se hace esclavo de otro no se da, se vende, al menos para subsistir; pero ¿por qué se vende un pueblo? Lejos de ser un rey el que proporcione la subsistencia a sus súbditos, es él quien obtiene la suya de ellos; y, según Rabelais, un rey no vive con poco. ¿Entregan, pues, los súbditos su persona, a condición de que les tomen también sus bienes? No veo entonces qué les queda por conservar.

Se dirá que el déspota asegura a sus súbditos la tranquilidad civil; de acuerdo: pero ¿en qué salen ganando si las guerras a que les arrastra su ambición, si su insaciable avidez, si las vejaciones de su ministerio los desolan más de lo que lo harían sus propias disensiones? ¿Qué ganan si esa misma tranquilidad constituye una de sus miserias? También se vive tranquilo en los calabozos: ¿basta eso para encontrarse bien en ellos? Los griegos encerrados en el antro del Cíclope vivían allí tranquilos, a la espera de que les llegara el momento de ser devorados.

Decir que un hombre se da gratuitamente es decir algo absurdo e inconcebible; un acto así es ilegítimo y nulo por el solo hecho de que el que lo hace no está en sus cabales. Decir lo mismo de todo un pueblo es suponer un pueblo de locos, y la locura no crea derecho.

Aun cuando cada uno pudiera enajenarse a sí mismo, no puede enajenar a sus hijos; éstos nacen hombres y libres; su libertad les pertenece, nadie más que ellos tiene derecho a disponer de ella. Antes de que lleguen a la edad de la razón, el padre puede, en su nombre, estipular las condiciones para su conservación, para su bienestar, pero no puede entregarlos de una forma irrevocable e incondicional, pues una donación así es contraria a los fines de la naturaleza y va más allá de los derechos de la paternidad. Para que un gobierno arbitrario fuera legítimo, haría falta, pues, que en cada generación el pueblo fuera dueño de aceptarlo o de rechazarlo; pero entonces ese gobierno no sería ya arbitrario.

Renunciar a su libertad es renunciar a la cualidad de hombre, a los derechos de la humanidad, incluso a sus deberes. No hay compensación posible para quien renuncia a todo. Tal renuncia es incompatible con la naturaleza del hombre, y quitar a su voluntad toda libertad supone privar de toda moralidad a sus acciones. En fin, estipular por una parte una autoridad absoluta y por otra una obediencia ilimitada, es una convención vana y contradictoria. ¿No es evidente que no se está comprometido a nada respecto de quien se tiene derecho a exigirlo todo? ¿Y no entraña la nulidad del acto esta condición única, sin equivalente ni intercambio? Pues, ¿qué derecho tendría mi esclavo contra mí si me pertenece todo lo que tiene, y al ser su derecho el mío, ese derecho mío contra mí mismo es una palabra carente de sentido?

Grocio y otros consideran que es la guerra lo que constituye otro origen del pretendido derecho de esclavitud. Al tener, según ellos, el vencedor derecho a matar al vencido, puede comprar su vida a cargo de su libertad; convención tanto más legítima cuanto que redunda en provecho de los dos.

Pero es evidente que este pretendido derecho a matar a los vencidos no deriva en modo alguno del estado de guerra. Por el solo hecho de que mientras los hombres viven en su independencia primitiva no mantienen entre sí relaciones lo suficientemente constantes para constituir ni el estado de paz ni el estado de guerra, no son enemigos por naturaleza. La relación de las cosas y no la de los hombres es lo que constituye la guerra, y al no poder surgir el estado de guerra de las simples relaciones personales sino sólo de las relaciones de las cosas, no puede existir la guerra privada o del hombre con el hombre ni en el estado de naturaleza, donde no existe una profundidad constante; ni en el estado social, donde todavía se halla sometido a la autoridad de las leyes.

Los combates particulares, los duelos, los enfrentamientos, son actos que no constituyen un estado, y respecto a las guerras privadas, autorizadas por los estatutos de Luis IX, rey de Francia, y suspendidas por la paz de Dios [9], son abu-

---

[9] La «paz de Dios» era la suspensión de hostilidades, impuesta por la Iglesia a los combatientes en ciertas épocas del año.

sos del gobierno feudal, sistema absurdo como ninguno, contrario a los principios del derecho natural y a toda buena *política*[10].

La guerra no es, pues, una relación de hombre a hombre, sino una relación de Estado a Estado, en la que los particulares no son enemigos más que accidentalmente, no como hombres, ni siquiera como ciudadanos[11], sino como soldados; no como miembros de la patria, sino como sus defensores. Finalmente, cada Estado no puede tener como enemigos más que a otros Estados, y no a hombres, puesto que no se puede establecer ninguna relación auténtica entre cosas que tienen diversas naturalezas.

Este principio se acomoda hasta con las máximas establecidas en todas las épocas y con la práctica constante de todos los pueblos civilizados. Las declaraciones de guerra no son tanto advertencias a las potencias cuanto a sus súbditos. El extranjero, ya sea rey, particular o pueblo, que roba, mata o detiene a los súbditos sin declarar la guerra al príncipe, no es un enemigo: es un salteador. Incluso en plena guerra, un

---

[10] Rousseau utiliza el término *politie,* derivado del griego *politeia* y del latino *politia,* «administración del Estado», «conducta política», «organización política». En castellano se usaba esta palabra, traducida por «policía» en los siglos XVIII y XIX. No he querido traducir por «policía» para no dar lugar a malentendidos.

[11] Los romanos, que han entendido y respetado el derecho de la guerra mejor que ninguna nación del mundo, llevaban tan lejos los escrúpulos a este respecto, que no se permitía a un ciudadano servir como voluntario, sin haberse comprometido antes a ir contra el enemigo, y, en concreto, contra tal enemigo. Al haberse reformado una legión donde Catón hijo hacía sus primeras armas bajo Pompilio, Catón padre escribió a éste diciéndole que si deseaba que su hijo continuara bajo su servicio, habría que hacerle prestar un nuevo juramento militar; porque al haberse anulado el primero, no podía empuñar ya las armas contra el enemigo. El mismo Catón escribió a su hijo que se guardara de ir al combate mientras no hubiera prestado ese nuevo juramento. Sé que se me podría oponer el sitio de Clusio y otros hechos particulares, pero yo cito leyes, usos. Los romanos son los que con menos frecuencia transgredieron sus leyes y los que llegaron a tenerlas más hermosas. (ROUSSEAU, nota de la edición de 1782.)

príncipe justo, aunque se apodere en país enemigo de todo lo que pertenece al campo de lo público, respeta la persona y los bienes de los particulares; respeta unos derechos en los que se fundan los suyos. Al ser el fin de la guerra la destrucción del Estado enemigo, se tiene derecho a dar muerte a los defensores en cuanto que tienen las armas en la mano; pero en cuanto las entregan y se rinden, al dejar de ser enemigos o instrumento del enemigo, vuelven a ser simplemente hombres y ya no se tiene derecho sobre sus vidas. A veces se puede matar al Estado sin matar a uno solo de sus miembros: ahora bien, la guerra no da derecho alguno que no sea necesario para su fin. Estos principios no son los de Grocio; no se fundan en las autoridades de poetas, sino que derivan de la naturaleza de las cosas y se fundan en la razón.

En relación con el derecho de conquista, no tiene otro fundamento que la ley del más fuerte. Si la guerra no da al vencedor el derecho de exterminar a los pueblos vencidos, este derecho que no tiene no puede servirle de base para esclavizarlos. No se tiene derecho a matar al enemigo más que cuando no se le puede hacer esclavo; el derecho a esclavizarlo no deriva, por tanto, del derecho a matarlo: es, pues, un intercambio inicuo hacerle comprar su vida, sobre la que no se tiene derecho alguno, al precio de su libertad. ¿No es evidente que se cae en un círculo vicioso si fundamos el derecho sobre la vida y la muerte en el derecho a la esclavitud, y el de esclavitud en el de la vida y la muerte?

Aun suponiendo ese terrible derecho absoluto a matar, afirmo que un esclavo hecho en guerra o un pueblo conquistado no tienen otra obligación para con su señor que la de obedecerle en tanto que están forzados a ello. Al arrebatarle un equivalente a su vida, el vencedor no le ha hecho ningún favor: en vez de matarlo sin fruto, lo ha matado con utilidad. Lejos, pues, de haber adquirido sobre él autoridad alguna unida a la fuerza, permanece entre ellos como antes el estado de guerra, su propia relación es un efecto de él, y el uso del derecho de guerra no supone ningún tratado de paz. Han hecho un convenio, de acuerdo; pero ese convenio, lejos de destruir el estado de guerra, supone su continuidad.

De este modo, de cualquier forma que se consideren las cosas, el derecho de esclavitud es nulo, no sólo por ser ilegítimo, sino porque es absurdo y no significa nada. Las palabras *esclavitud* y *derecho* son contradictorias: se excluyen mutuamente. Ya sea entre un hombre y un hombre, o entre un hombre y un pueblo, este razonamiento será siempre insensato. «Hago un convenio contigo, totalmente en perjuicio tuyo y totalmente en beneficio mío, que observaré mientras me parezca y que observarás mientras me parezca.»

CAPÍTULO V

Cómo hay que elevarse siempre a una primera convención

Aunque admitiera todo lo que he refutado hasta aquí, no por ello habrían avanzado más los que están a favor del despotismo. Siempre existirá una gran diferencia entre someter a una multitud y dirigir una sociedad. Si se va sometiendo sucesivamente a uno solo a una serie de hombres dispersos, sea cual sea su número, no por eso dejamos de estar ante un amo y unos esclavos, y no ante un pueblo y su jefe; es, si queremos, una agregación pero no una asociación; no hay ahí ni bien público ni cuerpo político. Aunque ese hombre hubiera esclavizado a medio mundo, no deja de ser más que un particular; su interés, aislado del de los demás, es un interés privado. Cuando ese mismo hombre muere, deja su imperio disperso y desvinculado, como se deshace un roble al consumirlo el fuego, que lo convierte en un montón de cenizas.

Dice Grocio que un pueblo puede entregarse a un rey. Según Grocio, un pueblo es, por tanto, un pueblo antes de entregarse a un rey. Esta misma donación es un acto civil; supone una deliberación pública. Antes, pues, de examinar el acto por el que un pueblo elige un rey, sería oportuno examinar el acto por el que un pueblo es tal pueblo; pues al ser este acto necesariamente anterior al otro, constituye el verdadero fundamento de la sociedad.

Efectivamente, si no hubiese convención anterior, ¿dónde estaría la obligación de la minoría de someterse a la elección de la mayoría, como no fuera unánime la elección? ¿Y en virtud de qué, cien que quieren un amo tienen derecho a votar por diez que no lo quieren? La propia ley de la pluralidad de los sufragios se establece por convención y supone la unanimidad, al menos por una vez.

CAPÍTULO VI

El pacto social

Supongo a los hombres llegados a este punto en que logran vencer los obstáculos que atentan contra su conservación en el estado de naturaleza, gracias a su resistencia a la fuerza que cada individuo puede emplear para mantenerse en dicho estado. A partir de ese momento, no puede ya subsistir el estado primitivo, y el género humano perecería si no cambiase de manera de ser.

Ahora bien, como los hombres no pueden engendrar nuevas fuerzas, sino únicamente unir y dirigir las existentes, no tiene ya otro medio de conservarse que formar por agregación una suma de fuerzas que pueda superar la resistencia, ponerlas en juego mediante un solo móvil y hacerlas actuar conjuntamente.

Esta suma de fuerza sólo puede nacer del concurso de muchos; pero al ser la fuerza y la libertad de cada hombre los primeros instrumentos de su conservación, ¿cómo las comprometerá sin perjudicarse y sin abandonar los cuidados que se debe? La aplicación de esta dificultad al problema que estamos tratando puede enunciarse en estos términos.

«Hallar una forma de asociación que defienda y proteja de toda la fuerza común a la persona y a los bienes de cada asociado, y en virtud de la cual, al unirse cada uno a todos, no obedezca más que a sí mismo y quede tan libre como antes.» Éste es el problema fundamental al que da solución el contrato social [12].

Las cláusulas de este contrato se hallan tan determinadas por la naturaleza del acto, que la más mínima modificación las haría vanas y de efecto nulo; de forma que, aunque quizá nunca hayan sido enunciadas formalmente, son las mismas en todas partes y por doquiera se las admite y reconoce tácitamente; hasta que, una vez violado el pacto social, cada cual vuelve a sus primitivos deseos y a recuperar su libertad natural, perdiendo la libertad convencional por la que renunció a aquélla.

Bien entendidas, todas estas cláusulas se reducen a una; a saber: la enajenación total de cada asociado con todos sus derechos a toda la comunidad; porque, en primer lugar, al darse cada uno por entero, la condición es la misma para todos, y al ser la condición igual para todos, nadie tiene interés en hacerla gravosa a los demás.

Aún más, al hacerse la enajenación sin reservas, la unión es tan perfecta como puede serlo, y ningún asociado tiene ya nada que reclamar: porque si les quedasen algunos derechos a los particulares, como no habría ningún superior común que pudiese fallar entre ellos y lo público, al ser cada cual su

---

[12] Se refiere al acto de asociación, y no al libro de Rousseau.

propio juez en algún punto, pronto pretendería serlo en todos, subsistiría el estado de naturaleza y la asociación acabaría siendo necesariamente tiránica o vana.

Por último, al darse cada uno a todos no se da a nadie, y como no hay ningún asociado sobre el que no se adquiera el mismo derecho que se le cede sobre uno mismo, se gana el equivalente de todo lo que se pierde, así como más fuerza para conservar lo que se tiene.

Por tanto, separando del pacto social lo que no entra dentro de su esencia, encontramos que se reduce a los términos siguientes: «Cada uno de nosotros pone en común su persona y todo su poder bajo la dirección suprema de la voluntad general, y recibimos además a cada miembro como parte indivisible del todo.»

Ese acto de asociación produce al instante, en lugar de la persona particular de cada contratante, un cuerpo moral y colectivo, compuesto por tantos miembros como votos tiene la asamblea, que recibe de este mismo acto su unidad, su *yo* común, su vida y su voluntad. Esta persona pública, que se forma así por la unión de todas las demás, recibía en otro tiempo el nombre de *ciudad*[13] y ahora recibe el de *república* o

---

[13] El verdadero sentido de esta palabra se ha perdido casi por completo entre los modernos: la mayoría toman una villa por una ciudad y un burgués por un ciudadano. No saben que las casas hacen la villa, pero que los ciudadanos hacen la ciudad. Este mismo error costó caro antiguamente a los cartagineses. No he leído que el título de *cives* se haya dado nunca a los súbditos de ningún príncipe, ni siquiera antiguamente a los macedonios, ni en nuestros días a los ingleses, aunque estén más próximos a la libertad que todos los demás. Sólo los franceses usan familiarmente el nombre de *citoyens* («ciudadanos»), porque no tienen una idea verdadera del mismo, como puede verse en sus diccionarios, sin lo cual incurrirían, al usurparlo, en un delito de lesa majestad: entre ellos este nombre expresa una virtud y no un derecho. Cuando Bodino quiso hablar de nuestros ciudadanos y burgueses cometió el grave error de tomar a unos por otros. D'Alembert no se ha equivocado al respecto y ha distinguido bien en su artículo «Ginebra» los cuatro órdenes de nombres (cinco incluso, contando a los simples extranjeros) que hay en nuestra ciudad, y de los que sólo dos componen la república. Ningún otro autor francés, que yo sepa, ha comprendido el verdadero sentido de la palabra *citoyen*. (ROUSSEAU.)

el de *cuerpo político,* al que sus miembros llaman *Estado* cuando es pasivo, *soberano* cuando es activo, *poder* al compararlo con sus semejantes. Respecto a los asociados, toman colectivamente el nombre de *pueblo,* y se llaman en particular *ciudadanos,* en cuanto que participan de la autoridad soberana, y *súbditos,* en cuanto que están sometidos a leyes del Estado. Pero estos términos se confunden a menudo y se usan unos por otros; basta con saberlos distinguir cuando se emplean con toda precisión.

Capítulo VII

El soberano

Mediante esta fórmula vemos que el acto de asociación encierra un compromiso recíproco de lo público con los particulares, y que cada individuo, contratante por así decirlo consigo mismo, se encuentra comprometido en un doble aspecto: a saber, como miembro del soberano respecto a los particulares y como miembro del Estado respecto al soberano. Pero no podemos aplicar aquí la máxima del derecho civil de que nadie está obligado a cumplir los compromisos que contrae consigo mismo, pues hay una gran diferencia entre obligarse para consigo o para con un todo del que se forma parte.

Hay que observar también que la deliberación pública, que puede obligar a todos los súbditos para con el soberano, a causa de las dos relaciones diferentes bajo las que se considera cada uno de ellos, no puede, por la razón contraria, obligar al soberano respecto a sí mismo y que, en consecuencia, va en contra de la naturaleza del cuerpo político que el soberano se imponga una ley que no puede infringir. Al no poder considerarse más que bajo un solo y mismo aspecto, entra entonces en el caso de un particular que contrata consigo mismo; por lo que se ve que no hay ni puede haber ninguna especie de ley fundamental obligatoria para el cuerpo del pueblo, ni siquiera el contrato social. Lo que no significa que ese cuerpo no pueda muy bien comprometerse respecto a otro, en lo que no derogue ese contrato; pues, respecto al extranjero, se convierte en un ser simple, en un individuo.

Pero el cuerpo político o el soberano, al no derivar su ser más que de la santidad del contrato, no puede obligarse nunca, ni siquiera respecto a otro, a nada que derogue ese acto primitivo, como enajenar alguna parte de sí mismo o someterse a otro soberano. Violar el acto por el que existe sería aniquilarse, y lo que no es nada no produce nada.

Tan pronto como esta multitud está así reunida en un cuerpo, no se puede ofender a uno de los miembros sin atacar al cuerpo; mucho menos ofender al cuerpo sin que con ello se resientan los miembros. Así el deber y el interés obligan igualmente a las dos partes contratantes a ayudarse mutuamente, y los propios hombres deben procurar reunir, bajo ese doble aspecto, todas las ventajas que dependen de él.

Ahora bien, al no estar formado el soberano más que por los particulares que lo componen, no tiene ni puede tener interés contrario al suyo; en consecuencia, el poder soberano no tiene ninguna necesidad de garantía con respecto a los súbditos, porque es imposible que el cuerpo quiera perjudicar a todos sus miembros, y después veremos que no puede perjudicar a ninguno en particular. Por el solo hecho de serlo, el soberano es siempre lo que debe ser.

No sucede, empero, lo mismo con los súbditos respecto al soberano, de cuyos compromisos, a pesar del interés común, nada respondería si no encontrase medios de asegurarse su fidelidad.

Efectivamente, cada individuo puede tener, como hombre, una voluntad particular contraria o distinta de la voluntad general que tiene como ciudadano: su interés particular puede hablarle de muy distinta forma que el interés común, su existencia absoluta, y naturalmente independiente, puede hacerle considerar lo que debe a la causa común como una contribución gratuita, cuya pérdida será menos perjudicial a los demás que oneroso es el pago para él, y, considerando la persona moral que constituye el Estado como un ser de razón, dado que no es un hombre, disfrutaría de los derechos del ciudadano sin querer cumplir los deberes del súbdito; injusticia cuyo progreso causaría la ruina del cuerpo político.

Para que el pacto social no sea, pues, una fórmula vana, entraña tácitamente este compromiso, el único que puede dar fuerza a los demás, de que cualquiera que se niegue a obedecer a la voluntad general será obligado a ello por todo el cuerpo: lo cual no significa otra cosa sino que se le forzará a ser libre, pues tal es la condición que, dando cada ciudadano a la patria, le asegura de toda dependencia personal; condición que constituye el artificio y el juego de la máquina política, y la única que legitima los compromisos civiles, que sin eso serían absurdos y tiránicos y estarían sometidos a los más grandes abusos.

Capítulo VIII

El estado civil

Este tránsito del estado de naturaleza al estado civil produce en el hombre un cambio muy notable, al sustituir en su conducta el instinto por la justicia y al dar a sus acciones la moralidad de la que antes carecían. Sólo entonces, cuando la voz del deber sucede al impulso físico y el derecho al apetito, el hombre, que hasta ese momento no había mirado más que a sí mismo, se ve forzado a obrar de acuerdo con otros principios y a consultar su razón antes de escuchar sus inclinaciones. Aunque en este estado se prive de muchas ventajas que le da la naturaleza, obtiene otras muy grandes: se ejercitan y desarrollan sus facultades, se ennoblecen sus sentimientos, su alma se eleva por entero hasta tal punto que si no la degradasen a menudo los abusos de esta nueva condición por debajo de la que ha salido, debería bendecir constantemente el instante feliz que le arrancó de ella para siempre y que hizo de un animal estúpido y limitado un ser inteligente y un hombre.

Reduzcamos todo este balance a términos fáciles de comparar: lo que el hombre pierde por el contrato social es su libertad natural y un derecho ilimitado a todo lo que le tienta y puede alcanzar; lo que gana es la libertad civil y la propiedad de todo lo que posee. Para no equivocarse en estas compensaciones, hay que distinguir claramente la libertad natural, que no tiene por límites más que las fuerzas del individuo, de la libertad civil, que está limitada por la voluntad general; y la posesión, que no es sino el efecto de la fuerza o el derecho del primer ocupante, de la propiedad, que no puede fundarse más que en un título positivo.

De acuerdo con lo anterior, podríamos añadir a la adquisición del estado civil la libertad moral, lo único que hace al hombre auténticamente dueño de sí; pues el impulso sólo del apetito es esclavitud, y la obediencia a la ley que se ha prescrito es la libertad. Pero ya he hablado demasiado al respecto, y el sentido filosófico de la palabra *libertad* no es aquí mi tema.

CAPÍTULO IX

El dominio real

Cada miembro de la comunidad se da a ella en el momento en que ésta se forma, tal como se encuentra en ese momento, él y todas sus fuerzas, de las que forman parte los bienes que posee. No es que por este acto cambie la naturaleza de la posesión al cambiar de manos, y se convierta en propiedad en las del soberano; sino que, como las fuerzas de la ciudad son incomparablemente mayores que las de un particular, la posesión pública es también, de hecho, más fuerte y más irrevocable, sin ser más legítima, al menos para los extranjeros: pues el Estado es, en relación a sus miembros, dueño de todos sus bienes por el contrato social, que en el Estado sirve de base a todos los derechos, pero no lo es, en relación a otras potencias, más que por el derecho de primer ocupante, que mantiene de los particulares.

El derecho de primer ocupante, aunque más real que el del más fuerte, no se convierte en un verdadero derecho más que después del establecimiento del de propiedad. Todo hombre tiene naturalmente derecho a todo lo que le es necesario, pero el acto positivo que le hace propietario de algún bien le excluye de todo el resto. Tomada su parte debe limitarse a ella, y no tiene ya ningún derecho en la comunidad. He aquí por qué el derecho de primer ocupante, tan débil en el estado de naturaleza, es aceptable para todo hombre civil. Se respeta más en este derecho lo que no es de uno que lo que es de otro.

Generalmente, para autorizar en cualquier terreno el derecho de primer ocupante, se requieren las condiciones siguientes: primera, que aún no esté habitado por nadie este terreno; segunda, que sólo se ocupe de él la cantidad que se requiera para subsistir; en tercer lugar, que se tome posesión de él, no mediante una ceremonia inútil, sino mediante el trabajo y el cultivo, único signo de propiedad que, a falta de títulos jurídicos, deben respetar los demás.

En efecto; conceder a la necesidad y al trabajo el derecho de primer ocupante, ¿no es ampliarlo lo más que se puede? ¿Podemos no poner límites a este derecho? ¿Bastará poner el pie en un terreno común para pretender al punto ser por ello su dueño? ¿Bastará con tener la fuerza de alejar por un momento a los demás hombres para quitarles el derecho de volver a él? ¿Cómo un hombre o un pueblo pueden apoderarse de un inmenso territorio y privar de él a todo el género humano como no sea mediante una usurpación punible, puesto que privan al resto de los hombres del lugar y de los alimentos que la naturaleza les da en común? ¿Era suficiente motivo que Núñez de Balboa tomase posesión, desde la orilla, del mar del Sur y de toda la América meridional en nombre de la Corona de Castilla, para desposeer de ellos a todos los habitantes y para excluir de ellos a todos los príncipes del mundo? De igual manera se multiplicaban de un modo totalmente inútil estas ceremonias y el rey católico no tenía más que tomar de una vez posesión de todo el universo desde su gabinete, exceptuando sólo de su Imperio lo que poseían antes los demás príncipes.

Se comprende cómo las tierras de los particulares reunidas y contiguas se convierten en territorio público, y cómo el derecho de soberanía, al extenderse de los súbditos al terreno que ocupan, se convierte a la vez en real y personal, lo que sitúa a los poseedores en una dependencia mayor y hace de sus propias fuerzas la garantía de su fidelidad; ventaja que no parece haber sido muy apreciada por los antiguos monarcas que, no llamándose más que reyes de los persas, de los escitas, de los macedonios, parecían considerarse más como jefes de los hombres que como dueños del país. Los de hoy se llaman, más hábilmente, reyes de Francia, de España, de Inglaterra, etc.; al dominar así el territorio, están muy seguros de dominar a sus habitantes.

Lo que hay de singular en esta enajenación es que, lejos de despojar la comunidad de sus bienes a los particulares, al aceptarlos, no hace sino asegurarles la legítima posesión de los mismos, cambiar la usurpación en un verdadero derecho y el disfrute en propiedad. Al ser considerados entonces los poseedores como depositarios del bien público, al ser respetados sus derechos por todos los miembros del Estado y mantenidos con todas sus fuerzas contra el extranjero, debido a una cesión ventajosa para lo público, y más aún para ellos mismos, han adquirido, por así decirlo, todo lo que le han dado: paradoja que se explica fácilmente por la distinción de los derechos que el soberano y el propietario tienen sobre el mismo fondo [14], como veremos después.

Puede también suceder que los hombres comiencen a unirse antes de poseer nada y que, apoderándose después de un terreno suficiente para todos, lo disfruten en común o lo repartan entre ellos, bien a partes iguales, bien según las proporciones establecidas por el soberano. De cualquier forma que se haga esta adquisición, el derecho que tiene cada particular sobre su propio fondo está siempre subordinado al derecho que tiene la comunidad sobre todos; sin lo cual no habría ni solidez en el vínculo social, ni fuerza real en el ejercicio de la soberanía.

Terminaré este capítulo y este libro con una observación que debe servir de base a todo el sistema social: y es que, en vez de destruir la igualdad natural, el pacto fundamental sustituye, por el contrario, por una igualdad moral y legítima lo que la naturaleza había podido poner de desigualdad física entre los hombres y que, aunque puedan ser desiguales en fuerza o en talento, acaben siendo todos iguales por convención y de derecho [15].

---

[14] Rousseau usa el término *fond:* caudal o conjunto de bienes que posee una comunidad.

[15] Bajo los malos gobiernos esta igualdad no es más que aparente e ilusoria; no sirve más que para mantener al pobre en su miseria y al rico en su usurpación. De hecho las leyes son siempre útiles a los poseedores y perjudiciales a quienes no poseen nada; de lo que se deduce que el estado social sólo es ventajoso a los hombres en tanto que todos tienen algo y ninguno de ellos tiene demasiado. (ROUSSEAU.)

LIBRO II

Capítulo I

La soberanía es inalienable

La primera y más importante consecuencia de los principios establecidos antes es que la voluntad general puede dirigir por sí sola las fuerzas del Estado según el fin de su institución, que es el bien común; pues si la oposición de los intereses particulares ha hecho necesario el establecimiento de las sociedades, lo que lo ha hecho posible es el acuerdo de esos mismos intereses. Lo que hay de común en esos diferentes intereses constituye el vínculo social, y si no hubiera un punto en el que concordaran todos ellos, no podría existir ninguna sociedad. Ahora bien, la sociedad debe ser gobernada únicamente según ese interés común.

Digo, pues, que al no ser la soberanía sino el ejercicio de la voluntad general, no puede nunca enajenarse, y que el soberano, que no es más que un ser colectivo, no puede ser representado más que por sí mismo: el poder puede muy bien transmitirse, pero no la voluntad.

En efecto, si no es imposible que una voluntad particular concuerde en algún punto con la voluntad general, al menos es imposible que este acuerdo sea duradero y constante; pues la voluntad particular tiende, por su naturaleza, a las preferencias, y la voluntad general, a la igualdad. Más imposible es aún que haya una garantía de este acuerdo, aun cuando debería

79

existir siempre; no sería esto un efecto del arte, sino del azar. El soberano puede decir muy bien: «Actualmente quiero lo que quiere tal hombre o, por lo menos, lo que dice querer»; pero no puede decir: «Lo que ese hombre quiera mañana, también lo querré», puesto que es absurdo que la voluntad se encadene para el futuro, y porque no depende de ninguna voluntad consentir en nada que sea contrario al bien del ser que quiere. Si el pueblo promete, pues, simplemente obedecer, se disuelve por ese acto, pierde su cualidad de pueblo: desde el momento en que hay dueño, ya no hay soberano, y a partir de aquí se destruye el cuerpo político.

Esto no quiere decir que las órdenes de los jefes no puedan pasar por voluntades generales, en tanto que el soberano, libre de oponerse a aquéllas, no lo haga. En tal caso, del silencio universal se debe presumir el consentimiento del pueblo. Explicaremos esto con más detalle.

Capítulo II

La soberanía es indivisible

Por la misma razón de que la soberanía es inalienable, es indivisible; pues la voluntad es general[16], o no lo es; es la del cuerpo del pueblo o sólo de una parte. En el primer caso, esta voluntad declarada es un acto de soberanía y hace ley; en el segundo, no es más que una voluntad particular, o un acto de magistratura; todo lo más, un decreto.

Pero nuestros políticos, al no poder dividir la soberanía en su principio, la dividen en su objeto: la dividen en fuerza y en voluntad; en poder legislativo y en poder ejecutivo; en derecho

---

[16] Para que una voluntad sea general no siempre es necesario que sea unánime, pero es necesario que se tengan en cuenta todas las voces; una exclusión formal rompe la generalidad. (ROUSSEAU.)

de impuesto, de justicia y de guerra; en administración interior y en poder de tratar con el extranjero: tan pronto confunden todas esas partes como las separan. Hacen del soberano un ser fantástico y formado de piezas añadidas; es como si compusieran el hombre de varios cuerpos, tomando los ojos de uno, los brazos de otro, los pies de otro, y nada más. Se dice que los charlatanes del Japón despedazan a un niño a la vista de los espectadores, y, luego, lanzando al aire uno tras otro todos sus miembros, hacen que vuelva a caer el niño vivo y totalmente entero. Así son, poco más o menos, los malabarismos de nuestros políticos; después de haber desarticulado el cuerpo social mediante una prestidigitación digna de feria, no se sabe cómo vuelven a ensamblar las piezas.

Este error procede de no haberse formado nociones exactas de la autoridad soberana y de haber considerado como partes de esa autoridad lo que no eran sino sus emanaciones. Así, por ejemplo, se ha considerado el acto de declarar la guerra y el de hacer la paz como actos de soberanía; lo que no es, ya que cada uno de estos actos no es una ley, sino sólo una aplicación de la ley, un acto particular que determina el caso de la ley, como veremos claramente cuando fijemos la idea que va unida a la palabra *ley* [17].

Siguiendo de igual modo las demás divisiones, encontraríamos que, siempre que se cree ver la soberanía compartida, nos equivocamos; que los derechos que se toman como partes de esa soberanía le están todos subordinados y suponen siempre voluntades supremas, de las que estos hechos no son sino su ejecución.

No podía decirse cuánta oscuridad ha arrojado esta falta de exactitud sobre las decisiones de los autores en materia de derecho político, cuando han querido juzgar de los derechos respectivos de los reyes y de los pueblos partiendo de los

---

[17] En el capítulo VI.

principios que habían establecido. Cualquiera puede ver en los capítulos III y IV del primer libro de Grocio cómo este sabio y su traductor Barbeyrac se confunden y se enredan en sus sofismas por miedo a decir demasiado o a no decir bastante según sus puntos de vista, y a hacer chocar intereses que tenían que conciliar. Grocio, refugiado en Francia, descontento de su patria y queriendo hacer la corte a Luis XIII, a quien iba dedicado su libro, no escatima nada para despojar a los pueblos de todos sus derechos y para revestir a los reyes con todo el arte posible. Ése hubiera sido también el gusto de Barbeyrac, que dedicaba su traducción al rey de Inglaterra Jorge I. Pero, desgraciadamente, la expulsión de Jacobo II, que él llamaba abdicación, lo obligaba a guardar reservas, a soslayar, a tergiversar, para no hacer de Guillermo [18] un usurpador. Si estos dos escritores hubieran adoptado los verdaderos principios, quedarían superadas todas las dificultades, y habrían sido siempre consecuentes; pero habrían dicho la triste verdad y no habrían cortejado más que al pueblo. Pero la verdad no reporta fortuna, y el pueblo no da ni embajadas, ni cátedras, ni pensiones.

Capítulo III

¿Puede errar la voluntad general?

De lo anterior se sigue que la voluntad general es siempre recta y siempre tiende a la utilidad pública; pero no se deduce que las deliberaciones del pueblo tengan siempre la misma rectitud. Se quiere siempre el propio bien; pero no siempre se lo ve: nunca se corrompe el pueblo, pero a menudo se lo engaña, y sólo entonces es cuando parece querer lo que es un mal.

---

[18] Guillermo de Orange, en 1688, derrocó a los Estuardo y Jacobo II de Inglaterra se refugió en Francia. Jean Barbeyrac (1671-1744), traductor de Grocio y de Pufendorf.

A menudo hay mucha diferencia entre la voluntad de todos y la voluntad general; ésta sólo atiende al interés con que la otra mira al interés privado, y no es más que una suma de voluntades particulares: pero quitad de estas mismas voluntades los más y los menos que se destruyen entre sí [19], y queda como suma de las diferencias la voluntad general.

Si, cuando el pueblo suficientemente informado delibera, no tuviesen los ciudadanos ninguna comunicación entre sí, del gran número de pequeñas diferencias resultaría siempre la voluntad general, y la deliberación sería siempre buena. Pero cuando se producen intrigas y se forman asociaciones parciales a expensas de la grande, la voluntad de cada una de esas asociaciones se convierte en general respecto a sus miembros, y en particular respecto al Estado; se puede decir entonces que ya no hay tantos votantes como hombres, sino sólo tantos como asociaciones. Las diferencias se hacen menos numerosas y dan un resultado menos general. Finalmente, cuando una de estas asociaciones es tan grande que se impone sobre todas las otras, ya no tenéis como resultado una suma de pequeñas diferencias, sino una diferencia única; entonces ya no hay voluntad general, y la opinión que domina no es sino una opinión particular.

Para poder, pues, fijar bien el enunciado de la voluntad general importa que no haya ninguna sociedad parcial en el Estado y que cada ciudadano sólo opine por sí mismo [20].

---

[19] «Cada interés —dice el marqués de Argenson— tiene principios diferentes. La armonía entre dos intereses particulares se forma por oposición al de un tercero.» Habría podido añadir que el acuerdo de todos los intereses se forma por oposición al de cada uno. Si no hubiera intereses diferentes, apenas se apreciaría el interés común, que nunca encontraría obstáculo: todo marcharía por sí mismo y la política dejaría de ser un arte. (ROUSSEAU.)

[20] «Verdad es —dice Maquiavelo— que hay divisiones que perjudican a las repúblicas, otras que les son beneficiosas; son perjudiciales las que entrañan facciones y banderías; beneficiosas, las que se mantienen sin facciones ni banderías. Así, pues, como el fundador de una república no puede evitar que se manifiesten en ella disensiones, debe al menos ordenarla de manera que no se formen facciones en su seno.» (*Hist. Fiorent.*, Libro VII.) (ROUSSEAU.)

Ésta fue la única y sublime institución del gran Licurgo. Si hay sociedades parciales, es preciso multiplicar su número y prevenir la desigualdad, como hicieron Solón, Numa, Servio [21]. Éstas son las únicas precauciones buenas para que se manifieste siempre la voluntad general y que el pueblo no se equivoque.

CAPÍTULO IV

Límites del poder soberano

Si el Estado o la ciudad no es más que una persona moral cuya vida consiste en la unión de sus miembros y si el más importante de sus cuidados es el de su propia conservación, necesita una fuerza universal y compulsiva para mover y disponer cada parte de la manera que más convenga al todo. Al igual que la naturaleza da a cada hombre un poder absoluto sobre todos sus miembros, el pacto social da al cuerpo político un poder absoluto sobre todos los suyos, y ese mismo poder es el que, dirigido por la voluntad general, lleva, como he dicho, el nombre de soberanía.

Pero, además de la persona pública, tenemos que considerar las personas privadas que la componen, y cuya vida y libertad son naturalmente independientes de ella. Se trata, pues, de distinguir bien los derechos respectivos de los ciudadanos y del soberano [22] y los deberes que han de cumplir

---

[21] Solón dividió a los ciudadanos atenienses en cuatro clases. Numa dividió al pueblo por oficios para evitar los litigios de las dos ligas en las que estaba dividido. Rousseau hablará en el Libro IV, cap. IV, de las divisiones que hizo Servio.

[22] Atentos lectores: os ruego que no os apresuréis a acusarme aquí de contradicción. No he podido evitarla en los términos, dada la pobreza de la lengua; pero esperad. (ROUSSEAU.)

los primeros en calidad de súbditos, del derecho natural de que deben disfrutar en calidad de hombres.

Se ha convenido[23] que todo lo que cada uno enajena, por el pacto social, de su poder, de sus bienes, de su libertad es solamente la parte de todo aquello cuyo uso importa a la comunidad; pero hay que convenir también que sólo el soberano es juez de esa importancia. Todos los servicios que pueda prestar un ciudadano al Estado debe brindárselos en el momento en que se los pida el soberano; pero éste, por su parte, no puede cargar a los súbditos con ninguna cadena que resulta inútil a la comunidad: ni siquiera puede desearlo, pues bajo la ley de la razón no se hace nada sin causa, lo mismo que bajo la ley de la naturaleza.

Los compromisos que nos ligan al cuerpo social sólo son obligatorios porque son mutuos, y su naturaleza es tal que al cumplirlos no se puede trabajar para los demás sin trabajar también para uno mismo. ¿Por qué es siempre recta la voluntad general y por qué quieren todos constantemente la felicidad de cada uno de ellos, sino porque no hay nadie que no se apropie estas palabras, *cada uno,* y que no piense en sí mismo al votar por todos? Lo que prueba que la igualdad de derecho y la noción de justicia que ésta produce se derivan de la preferencia que cada uno se da y, consiguientemente, de la naturaleza del hombre; que la voluntad general, para serlo verdaderamente, debe serlo en su objeto tanto como en su esencia; que debe partir de todos para aplicarse a todos, y que pierde su rectitud natural cuando tiende a algún objeto individual y determinado; pero entonces, juzgando de lo que nos es ajeno, no tenemos ningún principio verdadero de equidad que nos guíe.

Efectivamente, desde el momento en que se trata de un hecho o de un derecho particular sobre un punto que no ha

---

[23] Por John Locke, en el *Ensayo sobre el gobierno civil,* capítulo VIII.

sido regulado por una convención general y anterior, el asunto se hace contencioso; es un proceso en el que una de las partes son los particulares interesados y la otra lo público, pero donde no veo ni la ley que hay que seguir, ni el juez que ha de fallar. Sería entonces ridículo querer remitirse a una decisión expresa de la voluntad general, que no puede ser más que la conclusión de una de las partes, y que, por consiguiente, no es para la otra sino una voluntad ajena, particular, inclinada en esta ocasión a la injusticia y sujeta al error. De igual modo que una voluntad particular no puede representar la voluntad general, ésta cambia a su vez de naturaleza cuando tiene un objeto particular, y no puede, como general, fallar ni sobre un hombre ni sobre un hecho. Cuando el pueblo de Atenas, por ejemplo, nombraba o deponía a sus jefes, concedía honores a uno, castigaba a otro y con multitud de decretos particulares ejercía indistintamente todos los actos del gobierno, el pueblo ya no tenía entonces voluntad general propiamente dicha; ya no actuaba como soberano, sino como magistrado. Esto parecerá contrario a las ideas comunes, pero se me ha de dar tiempo para que exponga las mías.

Se debe entender por esto que lo que generaliza la voluntad no es tanto el número de votos como el interés común que los une: porque en esta institución cada uno se somete necesariamente a las condiciones que impone a los demás; acuerdo admirable del interés y de la justicia que da a las deliberaciones comunes un carácter de equidad que vemos desvanecerse en la discusión de todo asunto particular, por falta de un interés común que una e identifique la regla del juez con la de la parte.

Por cualquier lado que nos remontemos al principio, llegaremos siempre a la misma conclusión, a saber: que el pacto social establece entre los ciudadanos una igualdad tal que todos se comprometen bajo las mismas condiciones y todos deben gozar de los mismos derechos. Así, por la naturaleza del pacto, todo acto de soberanía, es decir, todo acto auténtico de la voluntad general, obliga o favorece igualmente a todos los ciudadanos, de forma que el soberano conoce sólo el cuerpo de la nación y no distingue a ninguno de los que la componen. ¿Qué es propiamente, pues, un acto de soberanía? No es una convención del superior con el inferior, sino una convención del cuerpo con cada uno de sus miembros: convención legítima porque tiene como base el contrato social; equitativa, pues es común a todos; útil, dado que no puede tener otro objeto que el bien general, y sólida, habida cuenta de que tiene como garantía la fuerza pública y el poder supremo. En tanto que los súbditos sólo se encuentran sometidos a tales convenciones, no obedecen a nadie más que a su propia voluntad, y preguntar hasta dónde se extienden los derechos respectivos del soberano y de los ciudadanos es preguntar hasta qué punto pueden éstos comprometerse consigo mismos, cada uno con todos y todos con cada uno de ellos.

De esto se deduce que, por muy absoluto, sagrado e inviolable que sea el poder soberano, no supera, ni puede superar, los límites de las convenciones generales, y que todo hombre puede disponer plenamente de lo que estas convenciones le han dejado de sus bienes y de su libertad. De modo que el soberano nunca tiene derecho a cargar en un súbdito más que en otro, pues entonces, al adquirir el asunto un carácter particular, hace que su poder deje de ser competente.

Una vez admitidas estas condiciones, es completamente falso que haya en el contrato social una auténtica renuncia por parte de los particulares; pues, por efecto de este contrato, su situación es realmente preferible a la anterior, y en vez de una enajenación, no han hecho sino un cambio ventajoso, de una manera de ser incierta y precaria, por otra mejor y más segura; de la independencia natural, por la libertad;

del poder de dañar a los demás, por su propia seguridad, y de su fuerza, que otros podían sobrepasar, por un derecho que la unión social hace invencible. Su vida misma, que han consagrado al Estado, está continuamente protegida por éste; y cuando la exponen en su defensa, ¿qué hacen sino devolverle lo que han recibido de él? ¿Qué hacen que no hicieran con más frecuencia y mayor peligro en el estado de naturaleza, cuando, librando combates inevitables, defendiesen con peligro de su vida lo que les sirve para conservarla? Es cierto que todos tienen que combatir por la patria si fuera preciso pero también lo es que nadie tiene nunca que combatir por sí mismo. ¿No se sale ganando al arriesgar, por lo que constituye nuestra seguridad, una parte de los peligros que tendríamos que afrontar por nosotros mismos en el momento en que aquélla nos fue arrebatada?

Capítulo V

El derecho de vida y de muerte

Podemos preguntarnos cómo no teniendo derecho alguno a disponer de su propia vida pueden los particulares transmitir al soberano este mismo derecho del que carecen. Esta cuestión parece difícil de solucionar solamente porque está mal planteada. Todo hombre tiene derecho a arriesgar su propia vida para conservarla. ¿Se ha dicho alguna vez que quien se tira por una ventana para escapar de un incendio sea culpable de suicidio? ¿Se le ha imputado incluso alguna vez este crimen a quien perece en una tempestad cuyo peligro conocía al embarcarse?

El contrato social tiene como finalidad la conservación de los contratantes. Quien quiere el fin quiere también los medios, y estos medios son inseparables de algunos riesgos e incluso de algunas pérdidas. Quien quiere conservar su vida a costa de los demás, debe darla también por ellos cuando sea preciso. Ahora bien, el ciudadano ya no es juez del peligro al que la ley quiere que se exponga, y cuando el príncipe le ha dicho: «Es conveniente para el Estado que mueras», él debe morir; ya que sólo con esta condición ha vivido seguro hasta entonces, y ya que su vida no es sólo un beneficio de la naturaleza, sino un don condicional del Estado.

La pena de muerte infligida a los criminales puede ser considerada casi bajo el mismo punto de vista: para no ser víctimas de un asesino consentimos en morir si nos convertimos en asesinos. En este contrato, lejos de disponer de su propia vida, sólo se piensa en garantizarla, y no es de suponer que algunos de los contratantes premedite entonces la idea de hacerse ajusticiar.

Además, todo malhechor que, al atacar el derecho social, se convierte por sus fechorías en rebelde y traidor a la patria, deja de ser miembro de ella al violar sus leyes, e incluso le hace la guerra. Entonces la conservación del Estado es incompatible con la suya, es preciso que perezca uno de los dos, y cuando se hace morir al culpable, no es tanto como ciudadano cuanto como enemigo. Los procedimientos, el juicio son las pruebas y la declaración de que ha roto el contrato social, y, por consiguiente, que ya no es miembro del Estado. Ahora bien, como él se ha reconocido tal, al menos por su residencia, debe suprimírsele mediante el destierro como infractor del pacto o mediante la muerte como enemigo público; porque un enemigo semejante no es una persona moral, es un hombre, y en tal caso el derecho de guerra es matar al vencido.

Pero —se dirá— la condena de un criminal es un acto particular. De acuerdo: por eso tal condena no corresponde al soberano; es un derecho que puede conferir sin poder ejercerlo. Todas mis ideas tienen un fundamento, pero no podría exponerlas todas a la vez.

Por lo demás, la frecuencia de los suplicios es siempre un signo de debilidad o de pereza en el gobierno. No hay malvado que no pueda hacer algo bueno. No se tiene derecho a matar, ni siquiera como ejemplo, sino a quien no se pueda dejar vivir sin peligro.

Respecto al derecho de gracia o al de eximir a un culpable de la pena impuesta por la ley y pronunciada por el juez, sólo corresponde a quien está por encima del juez y de la ley; es decir, al soberano: e incluso su derecho a esto no está muy claro y son muy raros los casos en que se hace uso de él. En un Estado bien gobernado hay pocos castigos, no porque se concedan muchas gracias, sino porque hay pocos criminales: la multitud de crímenes garantiza su impunidad cuando el Estado perece. Bajo la República romana ni el senado ni los cónsules trataron nunca de indultar; el propio pueblo no lo concedía, aun cuando a veces revocase su propio juicio. Las gracias frecuentes anuncian que pronto no tendrán necesidad de ellas los crímenes, y todo el mundo sabe a qué conduce esto. Pero siento que mi corazón murmura y retiene mi pluma; dejemos estas cuestiones para que las discuta el hombre justo que nunca incurrió en falta y que jamás necesitó que lo indultaran.

CAPÍTULO VI

La ley

Mediante el pacto social hemos dado existencia y vida al cuerpo político: se trata ahora de darle movimiento y voluntad mediante la legislación. Porque el acto primitivo por el que se forma y se une este cuerpo no determina todavía nada de lo que debe hacer para conservarse.

Lo que es bueno y conforme al orden lo es por la naturaleza de las cosas e independientemente de las convenciones humanas. Toda justicia viene de Dios. Sólo Él es su fuente, pero si supiéramos recibirla de tan alto no tendríamos necesidad ni de gobierno ni de leyes. Indudablemente, existe una justicia universal que emana sólo de la razón; pero para que esta justicia sea admitida entre nosotros, debe ser recíproca. Considerando las cosas humanamente, las leyes de la justicia, a falta de sanción natural, son vanas entre los hombres; no hacen sino el bien del malvado y el mal del justo, cuando éste las observa para con los demás sin que nadie las observe para con él. Se necesitan, pues, convenciones y leyes para unir los derechos a los deberes y llevar la justicia a su objeto. En el estado de naturaleza, donde todo es común, nada debo a quienes nada he prometido; no reconozco que sea de otro sino lo que me es inútil. No sucede lo mismo en el estado civil, donde todos los derechos están fijados por la ley.

Pero, ¿qué es, en último término, una ley? Mientras nos contentemos solamente con unir a esta palabra ideas metafísicas, seguiremos razonando sin entendernos, y aun cuando se diga lo que es una ley de la naturaleza, no por eso se sabrá mejor lo que es una ley del Estado.

Ya he dicho que no existía voluntad general sobre un objeto particular. Efectivamente, ese objeto particular está en el Estado o fuera del Estado. Si está fuera del Estado, una voluntad que le es extraña no es general respecto a él; y si ese objeto está en el Estado, forma parte de él: entonces se establece entre el todo y su parte una relación que hace de ellos dos seres separados, de los cuales uno es la parte y otro el todo menos esa parte. Pero el todo menos una parte no es el todo, y mientras subsista esa relación ya no hay todo, sino dos partes desiguales; de donde se sigue que la voluntad de la una no es tampoco general respecto a la otra.

Pero cuando todo el pueblo estatuye sobre todo el pueblo, no se considera más que a sí mismo, y si entonces se establece una relación, es del objeto entero, bajo un punto de vista, con el objeto entero; bajo otro punto de vista, sin ninguna división del todo, y la materia sobre la que se estatuye es general, como lo es la voluntad que estatuye. A este acto es a lo que llamo una ley.

Cuando digo que el objeto de las leyes siempre es general, entiendo que la ley considera a los súbditos como cuerpos y a las acciones como abstractas; nunca pone a un hombre como individuo ni a una nación particular. Así, la ley puede muy bien estatuir que ha de haber privilegios; pero no puede darlos a nadie en especial. La ley puede hacer muchas clases de ciudadanos y hasta señalar las cualidades que darán acceso a esas clases, pero no puede nombrar a éste y a aquél para ser admitidos en ellas; puede establecer un gobierno real y una sucesión hereditaria, pero no puede elegir un rey ni nombrar a una familia real: en suma, toda función relativa a un objeto individual no pertenece en modo alguno al poder legislativo.

De acuerdo con esta idea, es evidente que ya no hay que preguntar a quién corresponde hacer las leyes, puesto que son actos de la voluntad general; ni si el príncipe está por encima de las leyes, puesto que es miembro del Estado; ni si puede ser la ley injusta, puesto que nada es injusto respecto a sí mismo; ni cómo somos libres y estamos sometidos a las leyes, puesto que éstas no son más que reflejos de nuestras voluntades.

Vemos, además, que al reunir la ley la universalidad de la voluntad y la del objeto, lo que un hombre, cualquiera que sea, ordena por autoridad propia no es una ley; incluso lo que el soberano ordena sobre un objeto particular no es tampoco una ley, sino un decreto; no es un acto de soberanía, sino de magistratura.

Llamo, pues, república a todo Estado regido por leyes, cualquiera que sea la forma de administración; porque sólo entonces gobierna el interés público, y la cosa pública es algo. Todo gobierno legítimo es republicano[24]; en seguida explicaré lo que es gobierno.

Las leyes no son propiamente sino las condiciones de la asociación civil. El pueblo sometido a las leyes debe ser su autor; sólo a los que se asocian corresponde regular las condiciones de la sociedad. Pero, ¿cómo la regularán? ¿Será de mutuo acuerdo, por una inspiración repentina? ¿Tiene el cuerpo político un órgano para enunciar sus voluntades? ¿Quién le dará la previsión necesaria para configurar sus actas y publicarlas previamente, o cómo las pronunciará en el momento necesario? ¿Cómo una multitud ciega, que con frecuencia no sabe lo que quiere, porque raras veces sabe lo que es bueno para ella, ejecutaría por sí misma una empresa tan grande, tan difícil como un sistema de legislación? El pueblo, de por sí, siempre quiere el bien; pero no siempre lo ve. La voluntad general es siempre recta; pero el juicio que la guía no siempre es perspicaz. Hay que hacerle ver los objetos como son, a veces como deben parecerle; mostrarle el buen camino que busca; librarlo de las seducciones de las voluntades particulares; aproximar a sus ojos lugares y tiempos; contrarrestar el atractivo de las ventajas presentes y sensibles con el peligro de los males alejados y ocultos. Los particulares ven el bien que rechazan; lo público quiere el bien que no ve. Todos por igual necesitan guías. Hay que obligar a unos a conformar sus voluntades a su razón; hay que enseñar al otro a conocer lo que quiere. De las luces públicas resulta entonces la unión del

---

[24] Por esta palabra no entiendo sólo una aristocracia o una democracia, sino en general todo gobierno guiado por la voluntad general, que es la ley. Para ser legítimo, no es preciso que el gobierno se confunda con el soberano, sino que sea su ministro: entonces, la propia monarquía es república. Esto se aclarará en el libro siguiente. (ROUSSEAU.)

entendimiento y de la voluntad en el cuerpo social; de ahí el exacto concurso de las partes y, por último, la fuerza mayor del todo. He aquí de dónde nace la necesidad de un legislador.

Capítulo VII

El legislador

Para descubrir las mejores reglas de sociedad que convienen a las naciones haría falta una inteligencia superior que supiese todas las pasiones de los hombres y no sintiese ninguna; que no tuviera la más mínima relación con nuestra naturaleza y que la conociese a fondo; que su felicidad fuera independiente de nosotros y, no obstante, que quisiese ocuparse de la nuestra; finalmente, que procurándose en el transcurso del tiempo una gloria lejana, pudiera trabajar en un siglo y disfrutar en otro [25]. Para dar leyes a los hombres harían falta dioses.

El mismo razonamiento que hacía Calígula en cuanto al hecho lo hacía Platón en cuanto al derecho para definir al hombre civil o real que busca en su libro *De Regno* [26]; pero si es cierto que resulta raro encontrar a un gran príncipe, ¿cuánto no lo será encontrar a un gran legislador? El primero no tiene más que seguir el modelo que debe proponer el otro. Éste es el mecánico que inventa la máquina; aquél no es más que el obrero que la monta y la hace andar. «En el nacimiento de las sociedades —dice Montesquieu—, los que

[25] Un pueblo no se hace célebre más que cuando empieza a declinar su legislación. Ignoramos durante cuántos siglos la institución de Licurgo procuró la felicidad de los espartanos, antes de que se la mencionara en el resto de Grecia. (ROUSSEAU).

[26] Se trata de la *República,* diálogo de Platón, que en las traducciones latinas lleva por título *Politicus* o *Vir civilis.* Algunos lo han traducido también por *De Regno.*

hacen la institución son los jefes de las repúblicas, y luego la institución es la que forma a los jefes de las repúblicas» [27].

Quien se atreva a emprender la obra de instituir un pueblo debe sentirse en condiciones de cambiar, por así decirlo, la naturaleza humana, de transformar a cada individuo, que por sí mismo es un todo perfecto y solitario, en parte de un todo mayor, del que ese individuo recibe en cierto modo su vida y su ser; de alterar la constitución del hombre para reforzarla; de sustituir por una existencia parcial y moral la existencia física e independiente que todos hemos recibido de la naturaleza. En suma, ha de quitar al hombre sus propias fuerzas para darle las que le son extrañas y que no puede usar si otros no le ayudan. Cuanto más muertas y aniquiladas están esas fuerzas, más grandes y duraderas son las adquiridas y más sólida y perfecta es la institución; de forma que si cada ciudadano no es nada, ni puede nada más que merced a todos los demás, y si la fuerza adquirida por el todo es igual o superior a la suma de fuerzas naturales de todos los individuos, se puede decir que la legislación se encuentra en el grado más alto de perfección que puede alcanzar.

El legislador es, en todos los aspectos, un hombre extraordinario en el Estado. Si ha de serlo por su genio, no lo es menos por su función. Ésta no es magistratura, no es soberanía. La establece la república, pero no entra en su constitución; es una función particular y superior que no tiene nada en común con el imperio humano; porque si quien manda a los hombres no debe mandar en las leyes, quien manda en las leyes tampoco debe mandar a los hombres; de lo contrario, estas leyes, ministros de sus pasiones, no harían con frecuencia sino perpetuar sus injusticias, y nunca podría evitar que la cantidad de su obra se viera alterada por miras particulares.

Cuando Licurgo dio leyes a su patria empezó por abdicar de la realeza. En la mayoría de las ciudades griegas se tenía

---

[27] Montesquieu, *Consideraciones sobre las causas de la grandeza y de la decadencia de los romanos*, 1.

por costumbre confiar a extranjeros el establecimiento de las suyas. Las modernas repúblicas de Italia imitaron a menudo esta costumbre; igual hizo la de Génova con éxito [28]. En su mejor época, Roma vio brotar en su seno todos los crímenes de la tiranía y estuvo a punto de perecer por haber reunido en las mismas cabezas la autoridad legislativa y el poder soberano.

No obstante, los propios decenviros no se arrogaron nunca el derecho de hacer aprobar una ley por su sola autoridad. «Nada de lo que os proponemos —decían al pueblo— puede convertirse en ley sin vuestro consentimiento. Sed vosotros mismos, romanos, los autores de las leyes que han de haceros felices.»

Quien redacta las leyes no tiene, pues, ni debe tener, derecho legislativo alguno, y el pueblo mismo no puede, aunque quiera, despojarse de ese intransferible derecho; porque, según el pacto fundamental, sólo la voluntad general obliga a los particulares, y nunca se puede asegurar que una voluntad particular es conforme a la voluntad general hasta después de haberla sometido a los sufragios libres del pueblo; ya he dicho esto, pero no es inútil repetirlo.

Se encuentran, así, en la obra de la legislación, a un mismo tiempo dos cosas que parecen incompatibles: una empresa que está por encima de la fuerza humana y, para llevarla a cabo, una autoridad que no es nada.

Otra dificultad que merece atención: los sabios que quieren hablar al vulgo en su propio lenguaje en vez del suyo, no podrían ser comprendidos. Ahora bien, hay miles de ideas que no se pueden traducir a la lengua del vulgo. Los puntos de vista

---

[28] Los que sólo consideran a Calvino como teólogo conocen mal el alcance de su genio. La redacción de nuestros sabios edictos, en la que tuvo mucha parte, le honra tanto como su institución. Por muchas revoluciones que el tiempo pueda aportar a nuestro culto, mientras el amor a la patria y a la libertad no se extinga entre nosotros, nunca se dejará de bendecir la memoria de este hombre. (ROUSSEAU.)

demasiado generales y los objetos demasiado alejados están también fuera de su alcance; al no gustar a cada individuo ningún plan de gobierno que no se refiera a su interés particular, difícilmente percibe las ventajas que debe obtener de las privaciones continuas que imponen las buenas leyes. Para que un pueblo que nace pueda apreciar las sanas máximas de la política y seguir las reglas fundamentales de la razón de Estado, sería preciso que el efecto se pudiera convertir en causa; que el espíritu social, que debe ser la obra de la institución, presida la institución misma, y que los hombres fuesen antes de las leyes lo que deben llegar a ser gracias a ellas. Así pues, al no poder emplear el legislador ni la fuerza ni el razonamiento, tiene necesidad de recurrir a una autoridad de otro orden, que pueda arrastrar sin violencia y persuadir sin convencer.

He aquí lo que desde siempre forzó a los padres de las naciones a recurrir a la intervención del cielo y a honrar a los dioses con su propia sabiduría, para que los pueblos, sometidos tanto a las leyes del Estado como a las de la naturaleza y reconociendo el mismo poder en la formación del hombre y en la de la ciudad, obedeciesen con libertad y llevasen con docilidad el yugo de la felicidad pública.

Esta sublime razón, que se eleva más allá del alcance de los hombres vulgares, es la que lleva al legislador a atribuir las decisiones a los inmortales, para arrastrar mediante la autoridad divina a aquellos a quienes no podría afectar la prudencia humana [29]. Pero no a todo hombre corresponde hacer hablar a los dioses, ni ser creído cuando se anuncia como su intérprete. La gran alma del legislador es el verdadero milagro que debe

---

[29] «En efecto —dice Maquiavelo—, nunca existió ningún legislador que no recurriese a la mediación de un Dios para hacer aceptar leyes extraordinarias a un pueblo, porque de otro modo no serían aceptadas. Porque cuántas leyes bien conocidas de un legislador prudente hay que no llevan en sí razones evidentes para persuadir a otro.» (ROUSSEAU recoge esta cita de los *Discursos sobre Tito Livio*, Lib. I, cap. XI.)

probar su misión. Cualquier hombre puede grabar tablas de piedra, comprar un oráculo, fingir un comercio secreto con una divinidad, adiestrar a un pájaro para hablarle al oído o encontrar otros medios groseros para imponerlos al pueblo. Quien sólo sepa esto podrá incluso reunir al azar a un grupo de insensatos, pero nunca fundará un imperio, y su extravagante obra perecerá pronto con él. Vanos prestigios forman un vínculo pasajero; sólo la sabiduría lo hace perdurable. La ley judaica, que aún subsiste; la del hijo de Ismael, que desde hace diez siglos rige la mitad del mundo[30], todavía hoy pregona a los grandes hombres que la dictaron, y mientras que la orgullosa sabiduría[31] o el ciego espíritu de partido no ven en ellos más que a unos impostores con éxito, el verdadero político admira en sus instituciones ese genio grande y poderoso que preside las instituciones verdaderas.

De todo esto no hay que deducir, con Warburton[32], que la política y la religión tengan entre nosotros un objeto común, sino que en el origen de las naciones la una sirve de instrumento a la otra.

Capítulo VIII

El pueblo

Del mismo modo que, antes de levantar un gran edificio, el arquitecto observa y sondea el terreno para comprobar si puede soportar su peso, el legislador sabio no empieza por

---

[30] Se refiere a una secta del Islam, la chiíta, que contiene ideas neoplatónicas e hindúes. Ismael murió en 762. Los descendientes de su hijo mayor fundaron varios estados en Persia y en Siria. En la actualidad sus zonas de influencia son Siria, Líbano (los drusos), India, Persia, parte de Asia central y algunas zonas del norte de África.

[31] Según Vaughan, la expresión «orgullosa filosofía» es una referencia crítica al *Mahomet,* de Voltaire.

[32] William Warburton (1698-1799), teólogo inglés, obispo de Gloucester y autor de *The Alliance between Church and State* y *The Divine Legation of Moses.*

redactar leyes buenas en sí mismas, sino que antes examina si el pueblo al que las destina es apto para recibirlas. Por eso se negó Platón a dar leyes a los arcadios y a los cirenaicos, al saber que estos dos pueblos eran ricos y no podían soportar la igualdad; por eso se vieron en Creta buenas leyes y hombres malos, porque Minos no había disciplinado sino a un pueblo plagado de vicios.

En la tierra han florecido mil naciones que nunca habrían podido soportar buenas leyes, y hasta las que lo hubieran hecho no han contado, en toda su duración, más que con un tiempo muy breve para ello. Los pueblos, como los hombres, sólo son dóciles en su juventud; al envejecer se hacen incorregibles. Una vez que se han asentado las costumbres y arraigado los prejuicios, es una empresa peligrosa e inútil tratar de reformarlos: el pueblo no puede consentir ni que toquen sus males para extirparlos, como esos enfermos estúpidos y cobardes que tiemblan en cuanto ven al médico.

No es que, como con las enfermedades que trastornan la cabeza de la gente y le borran el recuerdo del pasado, no encontremos a veces en la vida de los Estados épocas violentas en que las revoluciones actúan sobre los pueblos como ciertas crisis sobre los individuos, en que el horror al pasado hace las veces de olvido y en que el Estado, abrasado por las guerras civiles, renace, por así decirlo, de sus cenizas y recupera el vigor de la juventud al escapar de los brazos de la muerte. Así sucedió en Esparta en tiempos de Licurgo; en Roma, después de los Tarquinos, y entre nosotros, en Holanda y Suiza, tras la expulsión de los tiranos.

Pero estos acontecimientos son raros; son excepciones cuya razón se encuentra siempre en la constitución particular del Estado en cuestión. Ni siquiera se podrían dar dos veces en el mismo pueblo, porque puede hacerse libre siendo bárbaro pero no cuando el impulso civil se ha gastado. Entonces lo pueden destruir los disturbios, sin que consigan restablecerlo las revoluciones, y en cuanto se rompen sus cadenas, se desmorona y deja de existir: desde ese momento necesita un amo y no un libertador. Acordaos, pueblos libres, de esta máxima: la libertad puede adquirirse pero nunca recobrarse.

La juventud no es la infancia. Las naciones tienen, como los hombres, una época de juventud o, si se quiere, de madurez que hay que alcanzar antes de someterlos a las leyes: pero no siempre resulta fácil reconocer la madurez de un pueblo, y si nos anticipamos, fracasa la obra. A un pueblo se lo puede disciplinar al nacer; a otro sólo después de diez siglos. Los rusos no serán nunca verdaderamente civilizados, porque lo fueron demasiado pronto. Pedro [33] tenía el genio para la imitación, pero carecía del verdadero genio, el que crea y lo hace todo de la nada. Algunas de las cosas que hizo fueron buenas, pero la mayoría estaban fuera de lugar. Vio que su pueblo era bárbaro, pero no comprendió que no estaba maduro para el estado civil; quiso civilizarlo, cuando lo que había que hacer era aguerrirlo; empezó por querer hacer alemanes o ingleses, cuando había que empezar por hacer rusos; impidió que sus súbditos llegaran a ser alguna vez lo que podían ser, persuadiéndoles de que eran lo que no son. Así es como educa a su alumno un preceptor francés para brillar durante su infancia y no llegar luego a nada. El imperio de Rusia querrá subyugar a Europa y acabará siendo subyugado. Los tártaros, sus súbditos o sus vecinos, se convertirán en sus amos y en los nuestros: esta revolución me parece infalible. Todos los reyes de Europa están trabajando conjuntamente para acelerarla.

---

[33] Pedro el Grande, zar de Rusia (1682-1721). Los ataques de Rousseau a Pedro el Grande van dirigidos indirectamente contra Voltaire, que había convertido a dicho zar en un reformador genial.

Capítulo IX

Continuación

Al igual que la naturaleza ha puesto un límite a la estatura de un hombre bien proporcionado, pasado el cual no hace más que gigantes o enanos, para la mejor constitución de un Estado, ha tenido en cuenta los límites de la extensión a que puede llegar, para que no sea ni demasiado grande y no se le pueda gobernar, ni demasiado pequeño y no pueda sostenerse por sí mismo. En todo cuerpo político hay un máximo de fuerzas que no se puede superar y del que se aleja con frecuencia a base de ensancharse. Cuanto más se extiende el vínculo social, más se afloja, y, en general, un Estado pequeño es, en proporción, más fuerte que uno grande.

Hay mil razones en apoyo de esta máxima. Primero, la administración se hace más laboriosa con las grandes distancias, como aumenta un peso situado en el extremo de una palanca mayor. Se hace también más gravosa conforme se multiplican los grados; porque, primero, cada ciudad tiene su administración, que paga el pueblo; luego, cada distrito, también la suya, pagada por el pueblo; después, cada provincia; luego, las grandes gobernaciones, las satrapías, los virreinatos, que hay que pagar más caro conforme se sube, y siempre a expensas del desgraciado pueblo; por último, viene la administración suprema, que lo aplasta todo. Con tantas cargas, que agotan continuamente a los súbditos, no sólo no están mejor gobernados por todos esos diferentes órdenes, sino que lo están peor que si sólo hubiera uno por encima de ellos; y a la vez apenas si quedan recursos para los casos extraordinarios, y cuando hay que echar mano de ellos, el Estado está siempre en vísperas de su ruina.

Aún más, no sólo tiene el gobierno menos fuerza y rapidez para hacer observar las leyes, impedir las humillaciones,

101

corregir los abusos, prevenir acciones sediciosas que pueden realizarse en lugares apartados, sino que el pueblo tiene menos afecto por sus jefes, a los que nunca ve, o por la patria, que a sus ojos es como el mundo, o por sus conciudadanos, cuya mayoría le son extraños. No pueden convenir las mismas leyes a provincias tan diversas, que tienen costumbres diferentes, que viven bajo climas opuestos y que no pueden soportar la misma forma de gobierno. Leyes diferentes no producen más que turbación y confusión entre pueblos que, al vivir bajo los mismos jefes y en continua comunicación, se trasladan de un lado a otro o se casan entre sí y, sometidos a otras costumbres, no saben nunca si su patrimonio les pertenece enteramente. En esa multitud de hombres desconocidos entre sí que la organización administrativa suprema reúne en un mismo lugar, los talentos se entierran, se ignoran las virtudes, los vicios quedan impunes. Los jefes, abrumados de problemas, no atienden nada directamente, y el Estado lo gobiernan sus delegados. Por último, todas las atenciones públicas quedan absorbidas por las medidas que hay que adoptar para mantener la autoridad general, de la que tantos funcionarios alejados quieren apartarse o imponerla; no queda nada para la felicidad del pueblo; apenas queda algo para su defensa en caso de necesidad, y así es como un cuerpo demasiado grande por su constitución se abate y perece aplastado por su propio peso.

Por otra parte, el Estado ha de proporcionarse una cierta base para tener solidez, para resistir las sacudidas que no dejará de experimentar y los esfuerzos que deberá hacer para sostenerse; porque todos los pueblos tienen una especie de fuerza centrífuga por la que actúan continuamente unos contra otros y tienden a agrandarse a costa de sus vecinos, como los torbellinos de Descartes. De este modo, los débiles están expuestos a ser devorados muy pronto, y apenas puede conservarse nadie como no sea poniéndose con todos en una especie de equilibrio que hace la compresión poco más o menos igual por todas partes.

Vemos, pues, que hay razones para extenderse y razones para reducirse, y el talento mayor del político consiste en encontrar, entre unas y otras, la proporción más ventajosa para la conservación del Estado. En general, cabe decir que las primeras, por no ser más que exteriores y relativas, deben estar subordinadas a las segundas, que son internas y absolutas. Lo primero que hay que buscar es una constitución sana y fuerte, y es preciso contar más con el vigor que nace de un buen gobierno que con los recursos que suministra un territorio amplio.

Por lo demás, conocemos Estados constituidos de tal forma que en su propia constitución entraba la necesidad de conquistar y que para mantenerse debían ensancharse sin cesar. Quizá se alegraban por esa feliz necesidad que, con todo, les mostraba, con el término de su grandeza, el momento inevitable de su caída.

CAPÍTULO X

Continuación

Podemos medir un cuerpo político de dos maneras, a saber: por la extensión del territorio y por el número de habitantes, y entre ambas medidas hay una relación conveniente para dar al Estado su verdadera grandeza. Los hombres son los que hacen el Estado, y el territorio es el que alimenta a los hombres; esa relación consiste, pues, en que la tierra sea suficiente para mantener a sus habitantes y en que haya tantos habitantes como pueda alimentar la tierra. En esta proporción se encuentra el máximo de fuerza de un número dado de población, porque si hay demasiado terreno resulta gravoso custodiarlo, insuficiente el cultivo y superfluo el producto: ésta es la causa próxima de las guerras defensivas. Si el territorio no es suficiente, el Estado se halla a merced de sus vecinos para completar lo que necesite: ésta es la causa próxima de las guerras ofensivas. Todo pueblo que, por su posición, no tiene más alternativa que el comercio o la guerra, es débil en sí mismo; depende de sus vecinos; depende de los acontecimientos; nunca tendrá otra cosa que una existencia incierta y breve. O subraya y cambia de situación, o es subyugado y acaba en nada. No puede mantenerse libre si no es a fuerza de pequeñez o de grandeza.

No se puede calcular una relación fija entre la extensión de la tierra y el número de hombres que se bastan entre sí; tanto por las diferencias de calidad en el terreno, en sus grados de fertilidad, en la naturaleza de sus productos, en las influencias del clima, como por las que se aprecian en los temperamentos de los hombres que lo habitan, de los que unos consumen poco en un país fértil y otros mucho en un suelo ingrato. Hay que tener en cuenta, además, la mayor o menor fecundidad de las mujeres; lo que puede haber en el país de más o menos favorable a la población, la cantidad a la que puede esperar llegar el legislador con sus instituciones; de forma que no debe basar su juicio en lo que ve, sino en lo que prevé, ni detenerse tanto en el estado actual de la población, sino en el que debe naturalmente alcanzar. Finalmente, hay mil ocasiones en que los accidentes particulares del lugar exigen o permiten que se abarque más terreno del que parece necesario. Así, se extenderá mucho en un país montañoso, en el que los productos naturales (bosques, pastos) exigen menos trabajo; en el que por experiencia sabemos que las mujeres son más fértiles que en las llanuras, y en el que un extenso suelo inclinado no ofrece sino una reducida base horizontal, la única con que se puede contar para la vegetación. Por el contrario, es posible estrecharse a orillas del mar, incluso en rocas y arenas casi estériles, pues allí la pesca puede suplir en buena parte a los productos de la tierra, porque los hombres han de estar más unidos para rechazar a los piratas y porque además hay más facilidad para aligerar al país, mediante colonias, de los habitantes que le sobren.

A estas condiciones para instituir un pueblo hay que añadir una que no puede sustituir a ninguna otra, pero sin la cual todas son inútiles: que se goce de abundancia y de paz; pues el momento en que se ordena un Estado es, como el momento en que se forma un batallón, el instante en que el cuerpo es menos capaz de resistencia y más fácil de destruir. Mejor se resistiría en medio de un desorden absoluto que en un momento de fermentación, donde cada cual se ocupa de su rango y no del peligro. Si en este momento de crisis se produce una guerra, un estado de hambre, una sedición, el Estado se derrumbará sin remisión.

No es que no haya muchos gobiernos establecidos en estos tormentosos momentos, pero esos mismos gobiernos son los que destruyen el Estado. Los usurpadores fomentan o eligen siempre esos momentos de perturbación para hacer que pasen, gracias al terror público, leyes destructivas que el pueblo nunca aprobaría a sangre fría. La elección del momento de la institución constituye uno de los signos más seguros por los que se puede distinguir la obra de un legislador o la de un tirano.

¿Qué pueblo es, pues, apto para la legislación? El que, hallándose ya vinculado por alguna unión de origen, de interés o de convención, no ha llevado todavía el verdadero yugo de las leyes; el que no tiene todavía costumbres ni supersticiones muy arraigadas; el que no teme verse aniquilado por una invasión repentina; el que, sin entrar en las disputas de sus vecinos, puede resistir él solo a cada uno de ellos o servirse de uno para rechazar al otro; aquel en el que cada miembro puede ser conocido por todos y en el que no se está obligado a cargar a un hombre con un peso mayor del que es capaz de soportar; el que puede prescindir de los demás pueblos y del que todo pueblo puede prescindir [34]; el que no es ni rico ni pobre y puede bastarse a sí mismo; por último, el que reúne la consistencia de un pueblo antiguo y la docilidad de un pueblo nuevo. Lo que hace penosa la labor de legislar no es tanto lo que hay que establecer como lo que es menester destruir, y lo que hace que sea tan difícil el éxito es la imposibilidad de unir la simplicidad de la naturaleza con las necesidades de la sociedad. Es cierto que difícilmente se encuentran juntas: por eso hay tan pocos Estados bien constituidos.

Aún queda en Europa un país capaz de legislar: la isla de Córcega. El valor y la constancia con que este valiente pueblo ha sabido recuperar y defender su libertad bien merece que algún sabio le enseñe a conservarla [35]. Tengo el presentimiento de que llegará el día en que esta pequeña isla asombrará a Europa.

Capítulo XI

Los diversos sistemas de legislación

Si investigamos en qué consiste exactamente el mayor bien de todos, que debe ser el fin de todo sistema de legislación, encontraremos que se reduce a dos objetos principales:

---

[34] Si de dos pueblos vecinos uno no pudiera prescindir del otro, esta situación sería muy dura para el primero y muy peligrosa para el segundo. En semejante caso, toda nación prudente se esforzará por librar muy pronto a la otra de esa dependencia. La república de Tlascala, enclavada en el imperio de México, prefirió pasarse sin sal a comprársela a los mexicanos, e incluso a aceptarla gratuitamente. Los prudentes tlascaltecos vieron la trampa que se ocultaba bajo aquella liberalidad. Se mantuvieron libres, y este pequeño Estado encerrado en aquel gran imperio acabó siendo el instrumento de su ruina. (ROUSSEAU.)

[35] Rousseau escribió un Proyecto de Constitución para Córcega.

la *libertad* y la *igualdad*. La libertad, porque toda dependencia particular es fuerza que se resta al cuerpo del Estado; la igualdad, porque sin ella no puede subsistir la libertad.

Ya he dicho lo que es la libertad civil [36]; respecto a la igualdad, no hay que entender por esta palabra que los grados de poder y de riqueza sean absolutamente los mismos, sino que, respecto al poder, que esté al margen de toda violencia y sólo se ejerza en función del rango y de las leyes, y en cuanto a la riqueza, que ningún ciudadano sea lo bastante opulento para poder comprar a otro y ninguno lo bastante pobre para tenerse que vender [37]: lo que supone, por parte de los grandes, moderación de bienes y crédito, y por parte de los pequeños, moderación de avaricia y de codicia.

Dicen que esta igualdad es una quimera especulativa que no se puede dar en la práctica. Pero porque el abuso sea inevitable, ¿no se podrá al menos reglamentar? Precisamente porque la fuerza de las cosas tiende siempre a destruir la igualdad es por lo que la fuerza de la legislación debe tender siempre a mantenerla.

Pero estos objetos generales de toda buena institución deben ser modificados en cada país por las relaciones que surgen tanto de la situación local como del carácter de los habitantes, y a partir de esos aspectos se debe asignar a cada pueblo un sistema particular de institución que sea el mejor, quizás no en sí mismo, pero sí para el Estado al que está destinado. Por ejemplo: ¿que el suelo es ingrato y estéril o el país demasiado estrecho para los habitantes?; volveos hacia la

---

[36] En el Libro I, cap. VIII.
[37] Si queréis, pues, dar al Estado consistencia, aproximad los extremos todo lo posible; no permitáis ni gentes opulentas ni mendigos. Estas dos condiciones, inseparables por naturaleza, son igualmente funestas para el bien común: de una salen los fautores de la tiranía y de la otra los tiranos; siempre se hace entre ellos el tráfico de la libertad pública: el uno la compra y el otro la vende. (ROUSSEAU.)

industria y hacia las artes, cuyos productos cambiaréis por los géneros que os faltan. ¿Que, por el contrario, ocupáis ricas llanuras y fértiles laderas?, ¿que en un buen terreno os faltan habitantes?; prestad todos vuestros cuidados a la agricultura, que multiplica los hombres, y desterrad las artes, que no harían sino terminar de despoblar el país, concentrando en algunos puntos del territorio a los pocos habitantes que tiene[38]. ¿Que ocupáis costas extensas y cómodas?; llenad el mar de barcos, cultivad el comercio y la navegación: tendréis una existencia breve pero resplandeciente. ¿Que el mar no baña en vuestras costas más que rocas casi inaccesibles?; seguid siendo bárbaros e ictiófagos: viviréis más tranquilos, mejor quizá, y con toda seguridad más felices. En suma, además de las máximas comunes a todos, cada pueblo encierra en sí alguna causa que las ordena de una manera particular y que hace que su legislación sólo sea idónea para él. Así es como los hebreos y recientemente los árabes han cuidado principalmente la religión; los atenienses, las letras; Cartago y Tiro, el comercio; Rodas, la marina; Esparta, la guerra, y Roma, la fortaleza de ánimo[39]. El autor de *El espíritu de las leyes*[40] ha mostrado en gran cantidad de ejemplos de qué artes se vale el legislador para dirigir la institución a cada uno de estos objetos.

Lo que hace verdaderamente sólida y duradera la constitución de un Estado es que se observe la conveniencia de tal

---

[38] «Alguna rama del comercio exterior —dice el marqués de Argenson— apenas si rinde una utilidad falsa para un reino en general; puede enriquecer a algunos particulares, incluso a algunas villas, pero la nación entera no gana nada con ello y el pueblo no está mejor.» (ROUSSEAU.)

[39] Rousseau utiliza el término *vertu,* derivado del latín *virtus,* que no he querido traducir al castellano por «virtud», porque no conserva el significado de la *virtus* romana. El término *virtus,* en Roma, designaba un conjunto de cualidades que dan al hombre o a los demás seres su valor físico o moral; cualidades viriles: vigor, moral, energía, valor, esfuerzo, fortaleza de ánimo.

[40] Montesquieu. Alude Rousseau al Libro XI, capítulo V.

forma que coincidan siempre en los mismos puntos las circunstancias naturales y las leyes y que éstas no hagan, por así decirlo, más que asegurar, acompañar y rectificar a aquéllas. Pero si el legislador, equivocándose en su objeto, adopta un principio diferente del que nace de la naturaleza de las cosas, si uno tiende a la servidumbre y el otro a la libertad, uno a las riquezas y otro a la población, uno a la paz y otro a las conquistas, se comprobará que las leyes se debilitan insensiblemente, que la constitución se altera y el Estado no dejará de verse agitado hasta quedar destruido o cambiado, y hasta que la invencible naturaleza haya recobrado su imperio.

Capítulo XII

División de las leyes

Para ordenar el todo o dar la mejor forma posible a la cosa pública hay que considerar diversas relaciones. Primero, la acción de todo el cuerpo actuando sobre sí mismo; es decir, la relación del todo con el todo o del soberano con el Estado. Esta relación está compuesta por los términos intermediarios que veremos a continuación.

Las leyes que regulan esta relación llevan el nombre de leyes políticas y se llaman también leyes fundamentales, no sin cierta razón si estas leyes son sabias; pero si en cada Estado no hay más que una buena manera de ordenarlo, el pueblo que la haya descubierto ha de atenerse a ella; pero si el orden establecido es malo, ¿por qué se han de considerar como fundamentales leyes que le impiden ser bueno? Por otra parte, y en toda situación, un pueblo es siempre dueño de cambiar sus leyes, incluso las mejores, pues si le gusta hacerse daño, ¿quién tiene derecho a impedírselo?

La segunda relación es la de los miembros entre sí o con el cuerpo entero, y esta relación debe ser, en el primer aspecto, tan pequeña, y en el segundo, tan grande como sea posible: de forma que todo ciudadano se encuentre en una perfecta independencia respecto al resto y en una excesiva dependencia respecto a la ciudad; lo cual se hace siempre por los mismos medios, porque la fuerza del Estado es lo único que hace la libertad de sus miembros. De esta segunda relación surgen las leyes civiles.

Se puede considerar una tercera clase de relación entre el hombre y la ley, a saber: la de la desobediencia a la pena, y ésta da lugar al establecimiento de leyes criminales que, más que una clase particular de leyes, son en el fondo la sanción de todas las demás.

A estas tres clases de leyes se añade una cuarta, la más importante de todas, y que no se graba en mármol ni en bronce, sino en el corazón de los ciudadanos, que es la verdadera constitución del Estado, que cada día adquiere nuevas fuerzas; que cuando las demás leyes envejecen o se extinguen, las reanima o las suple; que conserva a un pueblo en el espíritu de su institución; que sustituye insensiblemente la fuerza del hábito por la de la autoridad. Me refiero a las costumbres, a los usos y sobre todo a la opinión; parte desconocida por nuestros políticos, pero de la que depende el éxito de todas las demás y de la que se ocupa en secreto el gran legislador, mientras parece que se limita a reglamentos particulares que no son sino el arco de la bóveda, cuya inquebrantable clave la forman, en última instancia, las costumbres, más lentas en nacer.

De entre estas diversas clases de leyes, las políticas, que constituyen la forma de gobierno, son las únicas que aquí me interesan.

LIBRO III

Antes de hablar de las diversas formas de gobierno, trataremos de fijar el sentido exacto de esta palabra, que aún no ha sido muy bien explicada.

Capítulo I

El gobierno en general

Advierto al lector que este capítulo debe leerse despacio y que desconozco el arte de ser claro para quien no quiere prestar atención.

Toda acción libre tiene dos causas que concurren a producirla: una, moral, la voluntad que determina el acto; otra, física, el poder que lo ejecuta. Cuando marcho hacia un objeto, primero es preciso que quiera ir; segundo, que mis pies me lleven. Si un paralítico quiere correr o una persona ágil no quiere, ambos no se moverán de su sitio. Los mismos móviles tiene el cuerpo político; también en él se distinguen la fuerza y la voluntad: ésta con el nombre de *poder legislativo;* la otra, con el de *poder ejecutivo.* Nada se hace —o no debe hacerse— sin el concurso de los dos.

Hemos visto que el poder legislativo pertenece al pueblo y que sólo puede pertenecer a él. De acuerdo con los principios establecidos antes, es fácil advertir, por el contrario, que el poder ejecutivo no puede pertenecer a la generalidad como legisladora o soberana, ya que este poder sólo consiste en actos particulares que no incumben a la ley ni, por consiguiente, al soberano, cuyos actos sólo pueden ser leyes en su totalidad.

La fuerza pública precisa, pues, de un agente propio que la una y la ponga en acción según las direcciones de la voluntad general, que sirva para la comunicación del Estado y del soberano, que haga en cierto modo en la persona pública lo que en el hombre hace la unión del alma y el cuerpo. He aquí lo que es en el Estado la razón del gobierno, que equivocadamente se confunde con el soberano, de quien no es más que el ministro.

¿Qué es, entonces, el gobierno? Un cuerpo intermediario establecido entre los súbditos y el soberano para su mutua correspondencia, encargado de la ejecución de las leyes y del mantenimiento de la libertad, tanto civil como política.

Los miembros de este cuerpo se llaman magistrados o *reyes,* es decir, *gobernantes,* y el cuerpo entero lleva el nombre de *príncipe* [41]. De este modo, los que pretenden que el acto por el que un pueblo se somete a los jefes no es un contrato, lleva mucha razón. No es más que una comisión, un empleo, en el que, como simples oficiales del soberano, ejercen en su nombre el poder del que les ha hecho depositarios, y que él puede limitar modificar y recuperar cuando le parezca, por ser incompatible la enajenación de ese derecho con la naturaleza del cuerpo social y contraria al fin de la asociación.

Llamo, pues, *gobierno* o suprema administración al ejercicio legítimo del poder ejecutivo, y príncipe o magistrado, al hombre o al cuerpo encargado de dicha administración.

---

[41] Ésta es la causa de que en Venecia se dé al colegio el nombre de *serenísimo príncipe,* aunque no asista el dux a él. (ROUSSEAU.)

En el gobierno se encuentran las fuerzas intermediarias, cuyas relaciones componen la del todo con el todo o la del soberano con el Estado. Esta última relación puede representarse por la que existe entre los extremos de una proporción continua, cuya media proporcional es el gobierno. El gobierno recibe del soberano las órdenes que da al pueblo, y para que el Estado mantenga un buen equilibrio es preciso que, una vez compensado todo, haya igualdad entre el producto o el poder del gobierno considerado en sí mismo y el producto o el poder de los ciudadanos que son soberanos, por un lado, y súbditos, por otro.

Además, no se podría alterar ninguno de los tres términos sin que en ese mismo momento la proporción se rompa. Si el soberano quiere gobernar, si el magistrado quiere dictar leyes o si los súbditos se niegan a obedecer, el desorden sucede a la regla, la fuerza y la voluntad ya no actúan unidas, y el Estado, disuelto, cae así en el despotismo o en la anarquía. Finalmente, del mismo modo que no hay más que un medio proporcional entre cada relación, tampoco hay más de un gobierno bueno posible en un Estado. Pero como hay multitud de acontecimientos que pueden cambiar las relaciones de un pueblo, no sólo pueden ser buenos diferentes gobiernos para diversos pueblos, sino para el mismo pueblo en distintas épocas.

Para procurar dar una idea de las diversas relaciones que pueden existir entre estos dos extremos pondré como ejemplo el número de individuos de un pueblo, por ser una relación más fácil de expresar.

Supongamos que el Estado esté compuesto de diez mil ciudadanos. El soberano no puede ser considerado más que colectivamente y como cuerpo, pero cada particular, en calidad de súbdito, es considerado como individuo: así, el soberano es al súbdito como diez mil es a uno: es decir, que cada miembro del Estado no tiene, por lo que a él se refiere, más que la diezmillonésima parte de la autoridad soberana, aunque esté sometido a ella por completo. Si el pueblo está compuesto por cien mil hombres, el estado de los súbditos no cambia, y cada uno de ellos lleva igualmente el imperio de las leyes, mientras que su sufragio, reducido a una cienmilésima, tiene diez veces menos influencia en su redacción. Entonces, al seguir el súbdito siendo siempre uno, la relación del soberano aumenta en razón del número de ciudadanos; de donde se sigue que cuanto más se crece el Estado, más disminuye la libertad.

Cuando digo que aumenta la relación entiendo que se aleja de la igualdad. Así, cuanto mayor es la relación en la acepción de los geómetras, menos relación se da en la acepción común; en la primera, la relación, considerada desde el punto de vista de la cantidad, se mide por el exponente, y en la otra, considerada desde el de la utilidad, se estima por la semejanza.

Ahora bien, cuanta menos relación tengan las voluntades con la voluntad general, esto es, las costumbres con las leyes, más debe aumentar la fuerza represiva. Por tanto, para que el gobierno sea bueno debe ser relativamente más fuerte a medida que el pueblo es más numeroso.

Por otro lado, al procurar el engrandecimiento del Estado a los depositarios de la autoridad pública, más tentaciones y más medios para abusar de su poder; cuanta más fuerza deba tener el gobierno para contener al pueblo, más habrá de tener a su vez el soberano para contener al gobierno. No hablo aquí de una fuerza absoluta, sino de una fuerza relativa de las diversas partes del Estado.

De esta doble relación se sigue que la proporción continua entre el soberano, el príncipe y el pueblo no es una idea arbitraria, sino una consecuencia necesaria de la naturaleza del cuerpo político. Se sigue también que por ser fijo y representado por la unidad, uno de los extremos —el pueblo como súbdito—, cada vez que la razón doblada aumenta o disminuye, la razón simple aumenta o disminuye análogamente, y que, en consecuencia, el término medio cambia. Esto demuestra que no hay una constitución de gobierno única y absoluta, sino que puede haber tantos gobiernos, diferentes en naturaleza, como hay Estados distintos en extensión.

Si, para ridiculizar este sistema, se dijera que para encontrar esa medida proporcional y formar el cuerpo del gobierno no es preciso, en mi opinión, más que extraer la raíz cuadrada del número de individuos de la población, responderé que no tomo ese número aquí más que como ejemplo; que las relaciones a que me refiero no se miden sólo por el número de hombres, sino en general por la cantidad de acción, que se combina por multitud de causas, que, por lo demás, si para explicarme con menos palabras me sirvo por un momento de términos de geometría, no es porque ignore que la precisión geométrica no tiene lugar en las cantidades morales.

El gobierno es, en pequeño, lo que es en grande el cuerpo político que lo abarca. Es una persona moral dotada de ciertas facultades, activa como el soberano, pasiva como el Estado y que se puede descomponer en otras relaciones semejantes; de donde surge, por consiguiente, una nueva proporción, y de ésta, otra, según el orden de los tribunales, hasta que se llega a un término medio indivisible, esto es, a un solo jefe o magistrado supremo que puede representarse, en medio de esta progresión, como la unidad entre la serie de las fracciones y la de los números.

Sin confundirnos en esta multitud de términos, contentémonos con considerar al gobierno como un nuevo cuerpo en el Estado, distinto del pueblo y del soberano, e intermediario entre uno y otro.

Existe una diferencia esencial entre estos dos cuerpos: que el Estado existe por sí mismo, mientras que el gobierno no existe más que por el soberano. Así, la voluntad dominante del príncipe no es, o no debe ser, más que la voluntad general, esto es, la ley, y su fuerza, la fuerza pública concentrada en él. En cuanto intenta sacar de sí mismo algún acto absoluto e independiente, comienza a relajarse la trabazón de todo. Por último, si sucediera que el príncipe tuviese una voluntad particular más activa que la del soberano, y que, para obedecer a esta voluntad particular, usase de la fuerza pública que está en sus manos, de forma que hubiera, por así decirlo, dos soberanos, uno de hecho y otro de derecho, al instante se desvanecería la unión social y quedaría disuelto el cuerpo político.

No obstante, para que el cuerpo del gobierno tenga una existencia, una vida real, que lo distinga del cuerpo del Estado; para que todos sus miembros puedan obrar concertadamente y responder al fin para el que está instituido, hace falta un *yo* particular, una sensibilidad común a sus miembros, una fuerza, una voluntad propia que tienda a su conservación. Esta existencia particular implica asambleas, consejos, poder de deliberar, de resolver, derechos, títulos, privilegios que pertenecen exclusivamente al príncipe y que hacen más honrosa la condición del magistrado a medida que es más penosa. Las dificultades radican en la manera de ordenar dentro del todo este todo subalterno, de forma que no altere la constitución general al afirmar la suya; que distinga siempre su fuerza particular, destinada a su propia conservación, de la fuerza pública, destinada a la conservación del Estado, y que, en suma, esté siempre dispuesto a sacrificar el gobierno al pueblo, y no el pueblo al gobierno.

116

Por lo demás, aunque el cuerpo artificial del gobierno sea obra de otro cuerpo artificial, y aunque no tenga en cierto modo más que una vida prestada y subordinada, ello no impide que pueda obrar con más o menos rigor y rapidez y gozar, por así decirlo, de una salud más o menos robusta. Por último, sin alejarse directamente del fin de su institución, puede apartarse, en cierta medida, de él, según la forma en que esté constituido.

De todas estas diferencias surgen las diversas relaciones que debe tener el gobierno con el cuerpo del Estado, según las relaciones accidentales y particulares por las que se modifica ese mismo Estado. Porque, frecuentemente, el mejor gobierno en sí mismo acabará siendo el más vicioso si no se alteran sus relaciones conforme a los defectos del cuerpo político a que pertenece.

Capítulo II

El principio que constituye las diversas formas de gobierno

Para exponer la causa general de estas diferencias hay que distinguir aquí el príncipe del gobierno, como he distinguido antes el Estado del soberano.

El cuerpo de magistrados puede estar compuesto por un número mayor o menor de miembros. Hemos dicho que la relación del soberano con los súbditos era tanto mayor cuanto más numeroso era el pueblo, y por una evidente analogía podemos decir lo mismo del gobierno respecto a los magistrados.

Ahora bien, la fuerza total del gobierno, al ser siempre la del Estado, no varía; de lo que se sigue que cuanto más se usa de esta fuerza sobre sus propios miembros, menos le queda para actuar sobre todo el pueblo.

Por tanto, cuanto más numerosos sean los magistrados, más débil es el gobierno. Como esta máxima es fundamental, vamos a aclararla un poco más.

Podemos distinguir dos voluntades esencialmente diferentes en la persona del magistrado: primero, la voluntad propia del individuo, que sólo busca su beneficio particular; segundo, la voluntad común de los magistrados, que se refiere sólo a la ventaja del príncipe, y que podemos llamar voluntad de cuerpos, que es general respecto al gobierno y particular respecto al Estado, del que forma parte el gobierno; tercero, la voluntad del pueblo o voluntad soberana, que es general, tanto respecto al Estado, considerado como el todo, cuanto respecto al gobierno, considerado como parte del todo.

En una legislación perfecta, la voluntad particular o individual debe ser nula; la voluntad de cuerpo, propia del gobierno, muy subordinada, y, por consiguiente, la voluntad general o soberana siempre dominante y regla única de todas las demás.

Por el contrario, según el orden natural, estas diferentes voluntades se hacen más activas a medida que se concentran. Así, la voluntad general es siempre la más débil; la voluntad del cuerpo ocupa el segundo grupo, y la voluntad particular, el primero de todos; de forma que, en el gobierno, cada miembro es, en primer lugar, él mismo; luego magistrado, y después, ciudadano; gradación directamente opuesta a la que exige el orden social.

Una vez sentado esto, si todo el gobierno está en manos de un solo hombre, tenemos que la voluntad particular y la de cuerpo están perfectamente unidas y que, en consecuencia, se encuentra en el grado más alto de intensidad que puede tener. Ahora bien, como el uso de la fuerza depende del grado de la voluntad, y como la fuerza absoluta del gobierno no varía, se deduce que el gobierno más activo es el de uno solo.

Unamos, por el contrario, el gobierno a la autoridad legislativa; hagamos príncipe al soberano, y a todos los ciudadanos otros tantos magistrados; entonces, la voluntad de cuerpo, confundida con la voluntad general, no tendrá más actividad que ella y dejará en toda su fuerza a la voluntad particular. Así, el gobierno, siempre con la misma fuerza absoluta, se hallará en un mínimo de fuerza relativa o de actividad.

Estas relaciones son irrefutables, e incluso existen otras consideraciones que sirven para confirmarlas. Vemos, por ejemplo, que cada magistrado es más activo en su cuerpo que cada ciudadano en el suyo, y que, por consiguiente, la voluntad particular tiene mucha más influencia en los actos del gobierno que en los del soberano; pues cada magistrado está casi siempre encargado de alguna función de gobierno, mientras que cada ciudadano, aisladamente considerado, no tiene ninguna función de soberanía. Por otra parte, cuanto más se extiende el Estado, más aumenta su fuerza real, aunque ésta no aumente en razón de dicha extensión. Pero, al seguir siendo el Estado mismo, por más que se multipliquen los magistrados, no adquiere el gobierno una fuerza real mayor, porque esta fuerza es la del Estado, cuya medida es siempre igual. Así, la fuerza relativa o la actividad del gobierno disminuye, sin que su fuerza absoluta o real pueda aumentar.

Es seguro, además, que la resolución de los asuntos se hace más lenta a medida que se encargan de ellos más personas, pues no por conceder demasiado a la prudencia se concede suficiente a la fortuna y se deja escapar la ocasión, ya que, a fuerza de deliberar, se pierde a menudo el fruto de la deliberación.

Acabo de probar que el gobierno se relaja a medida que se multiplican los magistrados, y antes he demostrado que cuanto más numeroso sea el pueblo, más debe aumentar la fuerza represiva. De lo que se deduce que la relación de los magistrados con el gobierno debe ser inversa a la relación de los súbditos con el soberano; es decir, que cuanto más aumenta el Estado, más se debe reducir el gobierno; de forma que disminuya el número de jefes en razón del aumento de la población.

Por lo demás, no me refiero aquí sino a la fuerza relativa del gobierno, no a su rectitud; porque, por el contrario, cuanto más numerosa sea la magistratura, más se acerca la voluntad de cuerpo a la voluntad general; mientras que bajo un magistrado único esta voluntad de cuerpo no es, como he dicho, más que una voluntad particular. Se pierde, así, por un lado, lo que se puede ganar por otro, y el arte del legislador consiste en saber fijar el punto en que la fuerza y la voluntad de gobierno, siempre en proporción recíproca, se combinan en la relación más ventajosa para el Estado.

Capítulo III

Division de los gobiernos

Vimos en el capítulo anterior por qué se distinguen las diversas especies o formas de gobierno, por el número de miembros que los componen; queda por ver en éste cómo se realiza esta división.

El soberano puede, en primer lugar, delegar a todo el pueblo o a su mayor parte las funciones del gobierno, de modo que haya más ciudadanos magistrados que simples ciudadanos particulares. Esta forma de gobierno recibe el nombre de *democracia*.

Puede también limitarse el gobierno a un pequeño número, de manera que sean más los simples ciudadanos que los magistrados, y esta forma lleva el nombre de *aristocracia*.

Finalmente, puede concentrar todo el gobierno en manos de un solo magistrado, del que todos los demás reciban su poder. Esta tercera forma es la más común, y se llama *monarquía* o gobierno real.

Debe observarse que todas estas formas, o al menos las dos primeras, son susceptibles de más o de menos, y hasta tienen una amplitud bastante mayor, porque la democracia puede comprender a todo el pueblo o limitarse a la mitad. A su vez, la aristocracia puede formarla un pequeño número indeterminado que no llegue a la mitad. La propia realeza es susceptible de algún reparto. Esparta tuvo constantemente dos reyes en virtud de su constitución y en el imperio romano llegaron a verse hasta ocho emperadores a la vez, sin que se pudiera decir que estuviera dividido el imperio. Hay, así, un punto en el que cada forma de gobierno se confunde con la siguiente, y vemos que, con tres únicas denominaciones, el gobierno es en realidad susceptible de tantas formas diversas como ciudadanos tiene el Estado.

Aún más: al poder subdividirse en ciertos aspectos ese mismo gobierno en otras partes, una administrada de un modo y otra de otro, cabe que esas tres formas combinadas den como resultado una multitud de formas mixtas, cada una de las cuales puede multiplicarse por todas las formas simples.

En todas las épocas se ha discutido mucho sobre la mejor forma de gobierno, sin tener en cuenta que cada una de ellas es la mejor en ciertos casos y la peor en otros.

Si en los diferentes Estados el número de magistrados supremos debe estar en razón inversa al de los ciudadanos, se deduce que, en general, a los Estados pequeños les conviene el gobierno democrático, a los medianos el aristocrático y a los grandes la monarquía. Esta regla se deduce directamente del principio, pero, ¿cómo dar cuenta de la gran cantidad de circunstancias que pueden dar lugar a excepciones?

CAPÍTULO IV

La democracia[42]

Quien hace la ley es el que mejor sabe cómo se debe ejecutar e interpretar. Parece, pues, que no podría haber mejor constitución que aquella en que el poder ejecutivo está unido al legislativo. Pero esto mismo hace insuficiente a ese gobierno en ciertos aspectos, porque no se distingue lo que se debe distinguir y porque al no ser el príncipe y el soberano sino la misma persona, no forman, por así decirlo, más que un gobierno sin gobierno.

No es bueno que quien hace las leyes las ejecute, ni que el cuerpo del pueblo aparte su atención de los puntos de vista generales para fijarla en los objetos particulares. Nada hay más peligroso que la influencia de los intereses particulares en los asuntos públicos, pues que el gobierno abuse de las leyes es un mal menor al lado de la corrupción del legislador, consecuencia inevitable de que prevalezcan puntos de vista particulares. Al hallarse entonces alterado en su sustancia el Estado, se hace imposible toda reforma. Un pueblo que nunca abusara del gobierno, tampoco abusaría de su inde-

---

[42] Vaughan, en una edición crítica de *El Contrato Social*, advierte que el sentido que da Rousseau aquí a la palabra «democracia» no es el usual de la época moderna, aunque sí era familiar entre los antiguos, añadiendo que la democracia moderna encaja mejor con la definición que hace de la aristocracia «acoplada con la soberanía del pueblo». Sugiere Vaughan que Rousseau adoptó esta terminología para conciliarse con el gobierno de Ginebra, aduciendo que en la *Carta a d'Alembert* había designado a este último gobierno con el nombre de democracia.

pendencia; un pueblo que siempre gobernara bien no tendría necesidad de ser gobernado.

Si tomamos el término en su acepción más rigurosa, nunca ha existido una verdadera democracia y jamás existirá. Es contrario al orden natural que gobierne el mayor número y que sea gobernado el menor. No puede imaginarse que el pueblo permanezca constantemente reunido para ocuparse de los asuntos públicos, y fácilmente se ve que para esto no podría establecer comisiones sin que cambiara la forma de la administración.

Efectivamente, creo poder afirmar, en principio, que cuando las funciones del gobierno se reparten entre varios tribunales, los menos numerosos adquieren, tarde o temprano, la mayor autoridad; aunque no fuera más que a causa de la facilidad de despachar los asuntos, que naturalmente se someten a su consideración.

Además, ¿cuántas cosas difíciles de reunir no supone este gobierno? En primer lugar, un Estado muy pequeño en que sea fácil congregar al pueblo y en el que cada ciudadano pueda conocer fácilmente a todos los demás; en segundo lugar, una gran sencillez de costumbres, que evite multitud de cuestiones y de discusiones espinosas; además, mucha igualdad en las categorías y en las fortunas, sin lo cual no podría subsistir mucho tiempo la igualdad en los derechos y en la autoridad; por último, poco o nada de lujo, porque o el lujo es consecuencia de las riquezas, o las hace necesarias; corrompe a la vez al rico y al pobre; al uno por poseerlas y al otro por ambicionarlas; entrega a la patria a la molicie, a la vanidad; priva al Estado de todos sus ciudadanos para hacerlos esclavos unos de otros, y todos de la opinión.

He aquí por qué un célebre autor[43] ha considerado que la virtud constituye la base de la república, porque todas estas

---

[43] Se refiere a Montesquieu, *El espíritu de las leyes*, III, 3.

condiciones no podrían subsistir sin la virtud; pero por no haber hecho las necesarias distinciones, a este gran genio le ha faltado a menudo exactitud, a veces claridad, y no ha visto que, al ser la autoridad soberana la misma en todas partes, el mismo principio debe darse en todo Estado bien constituido, más o menos, por supuesto, según la forma de gobierno.

Añadamos que no hay gobierno tan sometido a las guerras civiles y a las agitaciones intestinas como el democrático o popular, porque no hay ninguno que tienda tan fuerte y tan continuamente a cambiar de forma ni que exija más vigilancia y valor para ser mantenido en la suya. En esta constitución, sobre todo, el ciudadano debe armarse de fuerza y de constancia y decir cada día en el fondo de su corazón lo que decía un virtuoso palatino [44] en la Dieta de Polonia: *Malo periculosam libertatem quam quietum servitium* [45].

Si hubiera un pueblo de dioses, se gobernaría democráticamente, pero no conviene a los hombres un gobierno tan perfecto.

Capítulo V

La aristocracia

Tenemos aquí dos personas morales muy distintas, a saber: el gobierno y el soberano y, por consiguiente, dos voluntades generales: una, respecto a todos los ciudadanos; otra, sólo respecto a los miembros de la administración. Así, aunque el gobierno pueda regular su política interior como le parezca, no puede hablar nunca al pueblo más que en nom-

---

[44] El Palatino de Posnania, padre del rey de Polonia, duque de Lorena. (ROUSSEAU.)

[45] Prefiero una libertad peligrosa antes que una esclavitud tranquila.

bre del soberano, es decir, en nombre del propio pueblo; lo cual no hay que olvidar nunca.

Las primeras sociedades se gobernaron aristocráticamente. Los jefes de las familias deliberaban entre sí sobre los asuntos públicos; los jóvenes cedían sin esfuerzo a la autoridad de la experiencia. De ahí los nombres de *prestes*[46], *ancianos, senado, gerontes*. Los salvajes de la América septentrional se siguen gobernando así en nuestros días y están muy bien gobernados.

Pero a medida que se impuso la desigualdad de institución sobre la desigualdad natural, se prefirió la riqueza o el poder [47] a la edad, y la aristocracia se hizo selectiva. Por último, al transmitirse el poder junto con los bienes de padres a hijos, se formaron las familias patricias, el gobierno se convirtió en hereditario y se vieron senadores de veinte años.

Hay, pues, tres clases de aristocracia: natural, electiva y hereditaria. La primera no es apropiada más que para los pueblos sencillos; la tercera es el peor de todos los gobiernos. La segunda es la mejor: es la aristocracia propiamente dicha.

Además de la ventaja de los dos poderes, tiene la de la elección de sus miembros, pues en el gobierno popular todos los ciudadanos son magistrados natos, pero éste los limita a un pequeño número y no llegan a serlo sino por elección [48], medio por el que la probidad, las luces, la experiencia y todas las demás razones de preferencia y de estimación

---

[46] *Prestes*, no en el sentido de «sacerdotes», sino en su significado antiguo de «ancianos».

[47] Es evidente que la palabra *optimates* entre los antiguos no quiere decir «los mejores», sino «los más poderosos». (ROUSSEAU.)

[48] Es muy importante regular mediante leyes la forma de elección de los magistrados, porque abandonándola a la voluntad del príncipe no se puede evitar caer en la aristocracia hereditaria, como sucedió en las repúblicas de Suiza y de Berna. Por eso, la primera es, desde hace tiempo, un Estado disuelto y la segunda se mantiene gracias a la extrema sabiduría de su Senado: es una excepción muy honorable y muy peligrosa. (ROUSSEAU.)

pública son otras tantas nuevas garantías de que gobernará con acierto.

Además, las asambleas se hacen con más comodidad, se discuten mejor los asuntos, se solucionan con más orden y diligencia; el Estado es acreditado mejor ante el extranjero por venerables senadores que por una multitud desconocida o despreciada.

En pocas palabras, el orden mejor y más natural es aquel en el que los más sabios gobiernan a la multitud, cuando se está seguro de que la gobernarán en provecho de ella y no del suyo particular; no hay que multiplicar inútilmente las competencias ni hacer con veinte mil hombres lo que pueden hacer todavía mejor cien hombres escogidos. Pero hay que advertir que el interés del cuerpo comienza ya aquí a dirigir menos la fuerza pública por la regla de la voluntad general y que otra tendencia inevitable arrebataba a las leyes una parte de su poder ejecutivo.

Respecto a las conveniencias particulares, no se precisa ni un Estado tan pequeño ni un pueblo tan sencillo y tan recto que la ejecución de las leyes sea una consecuencia inmediata de la voluntad pública, como sucede en una buena democracia. Tampoco es necesario una nación tan grande que los jefes dispersos para gobernarla puedan romper con el soberano cada uno en su provincia y comenzar por hacerse independientes, para terminar finalmente como dueños.

Pero si la aristocracia exige algunas virtudes menos que el gobierno popular, exige también otras que le son propias, como la moderación en los ricos y la conformidad en los pobres, porque parece que una igualdad rigurosa estaría en ella fuera de lugar; ni siquiera en Esparta se observó.

Por lo demás, si esta forma de gobierno entraña cierta desigualdad de fortuna es porque, en general, la administración de los asuntos públicos se confía a los que mejor pueden dedicarle su tiempo, y no, como pretende Aristóteles, porque se prefiera siempre a los ricos. Por el contrario, es muy importante que una elección opuesta enseñe a veces al pueblo que hay en el mérito de los hombres razones de preferencia más importantes que la riqueza.

Capítulo VI

La monarquía

Hasta ahora hemos considerado al príncipe como una persona moral y colectiva, unida por la fuerza de las leyes y depositaria en el Estado del poder ejecutivo. Tenemos que considerar ahora este poder reunido en las manos de una persona natural, de un hombre real, el único que tiene derecho a disponer de él según las leyes. Es lo que se llama un monarca o un rey.

Al contrario de lo que sucede en las demás administraciones, en las que un ser colectivo representa a un individuo, en ésta un individuo representa a un ser colectivo [49]; de forma que la unidad moral que constituye el príncipe es, al mismo tiempo, una unidad física en la que todas las facultades que la ley reúne con tanto esfuerzo en la otra se hallan reunidas de un modo natural.

Así, la voluntad del pueblo y la voluntad del príncipe, y la fuerza pública del Estado y la fuerza particular del gobierno, todo responde al mismo móvil, todos los resortes de la

---

[49] Derathé hace la siguiente observación a esta frase: «... me parece muy difícil de comprender si se quiere conservar para el verbo "representar" el mismo sentido en las dos proposiciones. Indudablemente se comprende que el monarca, que es un hombre o una persona natural, representa al gobierno, que es un cuerpo colectivo o una persona moral. Pero no se comprende cómo en las demás administraciones, es decir, en la aristocracia y la democracia, "un ser colectivo representa a un individuo", porque el gobierno no es por naturaleza un individuo, sino un "cuerpo"...».

máquina están en la misma mano, todo marcha hacia el mismo fin y no hay movimientos opuestos que se destruyan entre sí. No cabe imaginar un tipo de constitución en el que un esfuerzo menor produzca una acción más considerable. Arquímedes, tranquilamente sentado en la orilla y sacando sin trabajo un gran barco a flote, es para mí la representación del monarca hábil que gobierna desde su gabinete sus vastos Estados y que hace que todo se mueva mientras él permanece inmóvil.

Pero si no hay gobierno que tenga más vigor, tampoco hay otro en el que la voluntad particular tenga más imperio y domine con mayor facilidad a los demás; es cierto que todo marcha al mismo fin, pero este fin no es el de la felicidad pública, y la misma fuerza de la administración se vuelve sin cesar en perjuicio del Estado.

Los reyes quieren ser absolutos, y desde hace mucho tiempo se les grita que el mejor medio de serlo es hacerse amar por sus pueblos. Esta máxima es muy hermosa y en ciertos aspectos hasta es muy verdadera. Desgraciadamente, se burlarán en las cortes de ella. Qué duda cabe de que el poder que proviene del amor de los pueblos es el más grande, pero es precario y condicionado; jamás se contentarán con él los príncipes. Los mejores reyes quieren poder ser malvados si les parece, sin dejar de ser los amos: por mucho que un sermoneador político les diga que por ser la fuerza del pueblo la suya, su mayor interés está en que el pueblo sea floreciente, numeroso, terrible, ellos saben muy bien que no es cierto. Su interés personal es, en primer lugar, que el pueblo sea débil, miserable y que jamás pueda resistírsele. Confieso que, suponiendo a los súbditos siempre perfectamente sumisos, el interés del príncipe sería entonces que el pueblo fuese poderoso para que, al ser ese poder el suyo, lo hiciera temible a sus vecinos; pero como ese interés no es más que secundario y subordinado, y como las dos suposiciones son incompatibles, es natural que los príncipes prefieran siempre la máxima que les es más inmediatamente útil. Esto es lo que Samuel les describía a los hebreos vehementemente[50]; es lo que Maquiavelo ha hecho ver con evidencia. Fingiendo que da lecciones a los reyes, las da, y grandes, a los pueblos. *El Príncipe*, de Maquiavelo, es el libro de los republicanos[51].

Al examinar antes las relaciones generales hemos visto que la monarquía no conviene más que a los grandes Estados, y lo mismo puede verse cuando la examinamos en sí misma. Cuanto más numerosa sea la administración pública, más disminuye y se acerca a la igualdad la relación del príncipe con los súbditos, de forma que esta relación es uno o la igualdad misma en la democracia. Esta misma relación aumenta a medida que se reduce el gobierno y alcanza su punto máximo cuando el gobierno está en manos de uno solo. Encontramos entonces una distancia demasiado grande entre el príncipe y el pueblo, y al Estado le falta unión. Para formarla se precisan, pues, órdenes intermedias: para llenarlos se precisan príncipes, grandes, nobleza. Ahora bien, nada de esto conviene a un Estado pequeño, al que arruinan todas esas jerarquías.

Pero si es difícil que un gran Estado esté bien gobernado, mucho más difícil lo es que esté bien gobernado por un solo

---

[50] *Primer libro de Samuel*, cap. VIII. Hobbes hace referencia a esto en *De Cive*, cap. XI, párrafo 6.

[51] Maquiavelo era un hombre honrado y un buen ciudadano, pero al estar vinculado a la casa de Médicis se veía obligado a disimular, en medio de la opresión de su patria, su amor a la libertad. Sólo la elección de su execrable héroe (*se refiere a César Borgia*) manifiesta sobradamente su intención secreta, y la oposición que existe entre las máximas de su libro *El Príncipe* y las de sus *Discursos sobre Tito Livio* y de su *Historia de Florencia*, demuestra que este profundo político no ha tenido hasta ahora más que lectores superficiales o corrompidos. La Corte de Roma prohibió severamente su libro, y no me extraña: a ella es a la que describe con más claridad. (ROUSSEAU.)

hombre, y todos sabemos lo que pasa cuando el rey nombra sustitutos.

Un defecto esencial e inevitable que hará siempre que el gobierno monárquico esté por debajo del republicano, es que en éste la voz pública casi nunca eleva a los primeros puestos más que a hombres inteligentes y capaces que los desempeñan con honor; mientras que los que llegan a ellos en las monarquías no son, las más de las veces, sino peque-ños enredadores, bribonzuelos e intrigantes, a quienes sus pequeñas aptitudes, que en la corte hacen conseguir los mejores puestos, no sirven más que para mostrar pública-mente su ineptitud tan pronto como llegan a ellos. El pue-blo se equivoca mucho menos en esta elección que el prín-cipe, y un hombre de verdadero mérito es casi tan raro en el ministerio como un necio a la cabeza de un gobierno repu-blicano. Por ello, cuando por alguna feliz casualidad uno de esos hombres nacidos para gobernar empuñan el timón de los asuntos en una monarquía casi arruinada por ese atajo de donosos gobernantes, quedamos totalmente sor-prendidos por los recursos que encuentra y hace época en un país [52].

Para que un Estado monárquico pudiera gobernarse bien sería preciso que su tamaño o su extensión estuviera en proporción con las facultades de quien gobierna. Es más fácil conquistar que regir. Mediante una palanca suficiente se puede mover el mundo con un dedo, pero para soste-nerlo se necesitan los hombros de Hércules. Por pequeña que sea la extensión de un Estado, casi siempre el príncipe es demasiado pequeño para él. Cuando, por el contrario, sucede que el Estado es demasiado minúsculo para su jefe, lo cual es muy raro, también está mal gobernado, porque el

---

[52] Este párrafo fue añadido por Rousseau después para hacer un cumplido al ministro Choiseul y que éste dejara entrar en Francia *El Contrato Social*.

jefe, atento siempre a su grandeza de miras, olvida los intereses de los pueblos y no los vuelve menos desgraciados por el abuso de su ingenio que un jefe intelectualmente limitado por carecer de cualidades. Sería preciso, por así decirlo, que un reino se ampliara o se redujese en cada reinado de acuerdo con el alcance del príncipe; mientras que, al tener las aptitudes de un senado medidas más fijas, el Estado puede tener límites constantes y no marchar menos bien la administración.

El mayor inconveniente del gobierno de uno solo es la falta de esa sucesión continua que en los otros dos constituye una conexión ininterrumpida. Muerto un rey, hace falta otro; las elecciones dejan intervalos peligrosos, son turbulentas, y a menos que los ciudadanos tengan un desinterés y una integridad que no suelen ser frecuentes en este gobierno, se introducen en ellas la intriga y la corrupción. Es difícil que aquel a quien se ha vendido el Estado no lo venda a su vez y que no se resarza con los débiles del dinero que le han arrebatado los poderosos. Más pronto o más tarde, todo se acaba vendiendo en semejante administración y la paz que se goza entonces bajo los reyes es peor que el desorden de los interregnos.

¿Qué se ha hecho para prevenir estos males? Se han instituido en ciertas familias coronas hereditarias y se ha establecido un orden sucesorio que previene toda disputa a la muerte de los reyes; es decir, que al sustituir el inconveniente de las regencias por el de las elecciones se ha preferido una tranquilidad aparente a una administración prudente, así como arriesgarse a tener por jefes a niños, monstruos, imbéciles, a tener que disputar por la elección de buenos reyes; no se ha tenido en cuenta que, al exponerse así a los riesgos de la alternativa, casi todas las posibilidades están en contra. Fue muy sensata la respuesta del joven Dionisio, a quien su padre, reprochándole una acción vergonzosa, decía: «¿Es ése el ejemplo que te he dado?» «¡Ay! —respondió el hijo—, ¡vuestro padre no era rey!»[53]

Todo se une para privar de justicia y de razón a un hombre educado para mandar a los demás. Dicen que cuesta un gran esfuerzo enseñar a los jóvenes príncipes el arte de reinar, pero no parece que les sirva de mucho esa educación. Mejor harían si empezaran por enseñarles el arte de obedecer. Los mayores reyes que la historia ha celebrado no han sido educados para reinar; es ésta una ciencia que nunca se posee menos que cuando se ha aprendido demasiado, y que se alcanza mejor obedeciendo que mandando. *Nam utilissimus idem ac brevissimus bonarum malarumque rerum delectus, cogitare quid aut nolueris sub alio principe aut volueris*[54].

Un resultado de esta falta de coherencia es la inconstancia del gobierno real, que rigiéndose tan pronto por un plan como por otro, según el carácter del príncipe que reina o de las personas que reinan por él, no puede tener por mucho tiempo un objetivo fijo ni una conducta consecuente: variación que hace al Estado estar constantemente vacilando de una máxima a otra, de un proyecto a otro; cosa que no se da en los demás gobiernos, en que el príncipe es siempre el mismo. Por eso vemos que, generalmente, si hay más intriga en una corte, hay más sabiduría en un senado, y que las repúblicas tienden a sus fines con objetivos más constantes y mejor seguidos, mientras que toda revolución que se produce en un ministerio genera otra en el Estado; la máxima común a todos los ministros y a casi todos los reyes es hacer todo al revés de como lo ha hecho el predecesor.

---

[53] Plutarco, *Dichos notables de reyes y de grandes capitanes*, párrafo 22.
[54] Tácito, *Hist.,* I, 16. Pues el medio más cómodo y más rápido de discernir el bien del mal es lo que tú habrías querido o no habrías querido si otro y no tú hubiera sido rey.

De esta misma incoherencia se extrae también la solución de un sofisma muy familiar a los políticos reales; es no sólo comparar el gobierno civil con el gobierno doméstico y al príncipe con el padre de familia, error ya refutado, sino, además, atribuir incluso liberalmente a ese magistrado todas las virtudes que debería tener y suponer siempre que el príncipe es lo que debería ser: suposición con ayuda de la cual el gobierno real es claramente preferible o cualquier otro porque es, sin discusión, el más fuerte y porque, para ser también el mejor, no le falta más que una voluntad de cuerpo más acorde con la voluntad general.

Pero si, según Platón [55], el rey es por naturaleza un personaje tan raro, ¿cuántas veces la naturaleza y la fortuna concurrirán a coronarlo? Y si la educación real corrompe por necesidad a quienes la reciben, ¿qué cabe esperar de una serie de hombres educados para reinar? Es, pues, querer engañarse confundir el gobierno monárquico con el de un buen rey. Para ver lo que es en sí mismo ese gobierno hay que considerarlo sometido a príncipes limitados o malvados, porque o llegarán así al trono o el trono los volverá así.

No han pasado inadvertidas estas dificultades a nuestros autores, pero no se han preocupado por ello. Dicen que el remedio es obedecer sin murmurar; Dios da malos reyes cuando está encolerizado, y es preciso soportarlos como castigos del cielo. Esta forma de pensar es, sin duda, edificante; pero quizá fuera más apropiada para un púlpito que para un libro de política. ¿Qué diríamos de un médico que prometiera milagros y cuyo arte consistiese nada más que en aconsejar paciencia a sus enfermos? Demasiado sabemos que cuando se tiene un mal gobierno hay que soportarlo, pero la cuestión está en encontrar uno bueno.

---

[55] *In civili.* (ROUSSEAU.)

Capítulo VII

Los gobiernos mixtos

Propiamente hablando, no hay un gobierno simple. Es preciso que un jefe único tenga magistrados subalternos y que un gobierno popular tenga un jefe. Así, en el reparto del poder ejecutivo siempre hay graduación del mayor número al menor, con la diferencia de que unas veces depende el mayor número del pequeño y otras el pequeño del mayor.

En ocasiones hay un reparto igual, bien cuando las partes constitutivas están en dependencia mutua, como en el gobierno de Inglaterra, bien cuando la autoridad de cada parte es independiente pero imperfecta, como en Polonia. Esta última parte es mala, porque no hay unidad alguna en el gobierno y el Estado carece de unión.

¿Qué es mejor: un gobierno simple o un gobierno mixto? Se trata de una cuestión muy debatida entre los políticos y a la que hay que dar la misma respuesta que antes he dado sobre toda forma de gobierno.

El gobierno simple es el mejor en sí mismo, sólo por el hecho de ser simple. Pero cuando el poder ejecutivo no depende lo suficiente del legislativo, esto es, cuando hay más relación del príncipe al soberano que del soberano al príncipe, hay que remediar esta falta de proporción dividiendo el gobierno; pues entonces cada una de sus partes no tiene menos autoridad sobre sus súbditos, y su división las hace, todas juntas, menos fuertes contra el soberano.

El mismo inconveniente es también previsible si se estableciesen magistrados intermediarios que, dejando al gobierno en su integridad, sirviesen sólo para equilibrar los dos poderes y para mantener sus derechos respectivos. En este caso, el gobierno no es mixto, sino moderado.

El inconveniente opuesto se puede remediar por procedimientos semejantes, y cuando el gobierno es demasiado débil cabe también la posibilidad de erigir tribunales para concentrarlo. Esto se practica en todas las democracias. En el primer caso, se divide el gobierno para debilitarlo, y en el segundo, para reforzarlo; porque los máximos de fuerza y de debilidad se encuentran asimismo en los gobiernos simples, mientras que las formas mixtas dan una fuerza media.

Capítulo VIII

No conviene a todos los países cualquier forma de gobierno

Al no ser la libertad un fruto de todos los climas, no se halla al alcance de todos los pueblos. Cuanto más meditamos este principio de Montesquieu [56], más apreciamos su verdad; cuanto más se debate, más ocasiones se ofrecen para afianzarlo con nuevas pruebas.

En todos los gobiernos del mundo la persona pública consume y no produce. ¿De dónde viene, pues, la sustancia consumida? Del trabajo de sus miembros. Lo superfluo de los particulares es lo que produce lo necesario de lo público. De lo que se deduce que el estado civil no puede subsistir más que cuando el trabajo de los hombres produce por encima de sus necesidades.

Ahora bien, este excedente no es igual en todos los países del mundo. En unos es considerable; en otros, mediano; en otros, nulo, y no faltan algunos en los que es negativo. Esta relación depende de la fertilidad del clima, de la clase de trabajo que exige la tierra, de la naturaleza de sus producciones,

---

[56] En *El espíritu de las leyes*, XVII, 2.

de la fuerza de sus habitantes, del consumo mayor o menor que necesitan y de otras muchas relaciones similares de las que se compone. Por otra parte, no todos los gobiernos son de la misma naturaleza; los hay más o menos voraces, y las diferencias se basan en el principio de que cuanto más se alejan de su fuente las contribuciones públicas, más gravosas resultan. Esta carga no hay que medirla por la cantidad de impuestos, sino por el camino que han de recorrer para volver a las manos de donde han salido; cuando esta circulación es rápida y se halla bien establecida, no importa que se pague mucho o poco; el pueblo es siempre rico y las finanzas marchan siempre bien. Por el contrario, por poco que dé el pueblo, si ese poco no revierte a él, como siempre está dando, pronto se agota: el Estado nunca es rico y el pueblo es siempre indigente.

De esto se deduce que, cuanto más aumenta la distancia entre el pueblo y el gobierno, los tributos se hacen más gravosos: así, en la democracia el pueblo está menos gravado; en la aristocracia lo está más; en la monarquía soporta el mayor peso. La monarquía no conviene, pues, más que a las naciones opulentas; la aristocracia, a los Estados medianos tanto en riqueza como en extensión; la democracia, a los Estados pequeños y pobres.

Realmente, cuanto más lo pensamos, más diferencias encontramos al respecto entre los Estados libres y los monárquicos. En los primeros todo se emplea para la utilidad común; en los otros, la fuerza pública y las particulares son recíprocas, y una aumenta a costa del debilitamiento de la otra. En fin, en vez de gobernar a los súbditos para hacerlos felices, el despotismo los hace miserables para gobernarlos.

He aquí cómo en cada clima se dan causas naturales, en vista de las cuales se puede determinar la forma de gobierno que le corresponde, teniendo en cuenta la fuerza del clima, y hasta decir qué especies de habitante debe tener.

Los lugares ingratos y estériles donde los productos no compensan del trabajo que exigen deben dejarse desiertos y sin cultivar, o poblados sólo por salvajes; los lugares en que el trabajo de los hombres no rinde más de lo estrictamente necesario, deben estar habitados por pueblos bárbaros, pues allí sería imposible toda vida civil; los lugares donde el exceso del producto sobre el trabajo es mediano conviene a los pueblos libres; aquellos en que un terreno abundante y fértil suministra mucho producto por poco trabajo requieren ser gobernados monárquicamente para que el lujo del príncipe consuma el exceso de lo que es superfluo a los súbditos; porque más vale que ese exceso lo absorba el gobierno y no que lo disipen los particulares. Sé que hay excepciones, pero estas mismas excepciones confirman la regla, pues tarde o temprano producen revoluciones que devuelven las cosas al orden natural.

Distingamos siempre las leyes generales de las causas particulares que pueden modificar el efecto. Aunque toda la zona meridional estuviera cubierta de repúblicas y toda la del norte de estados despóticos, no por ello sería menos cierto que, en función del clima, el despotismo conviene a los pueblos cálidos, la barbarie a los países fríos y la buena administración a las regiones intermedias. Veo también que, aun aceptando el principio, se podrá discutir respecto a su aplicación y decir que hay países fríos muy fértiles y otros meridionales muy ingratos. Pero esta dificultad sólo existe para quienes no examinan las cosas en todos sus aspectos. Como he dicho, hay que contar con todo lo relativo a los trabajos, las fuerzas, el consumo, etcétera.

Supongamos que de dos terrenos iguales, uno produce cinco y otro diez. Si los habitantes del primero consumen cuatro y los del segundo nueve, el excedente del primer producto será un quinto y el del segundo un décimo. Al ser, pues, la relación de estos dos excedentes inversa a la de sus productos, el terreno que sólo produzca cinco dará un sobrante doble que el terreno que produzca diez.

Pero no se trata de un producto doble y no creo que nadie se atreva a equiparar, en general, la fertilidad de los países fríos con la de los cálidos. Supongamos, sin embargo, que es igual; establezcamos, si se quiere, un equilibrio entre Inglaterra y Sicilia, Polonia y Egipto; más al sur tendremos África y las Indias; más al norte no tendremos nada. Para esta igualdad de productos, ¡qué diferencia en el cultivo! En Sicilia no hay más que arañar la tierra; en Inglaterra, ¡cuánto esfuerzo para labrarla! Ahora bien, allí donde hacen falta más brazos para conseguir el mismo producto, el sobrante debe ser necesariamente menor.

Considerad, además, que la misma cantidad de hombres consume mucho menos en los países cálidos. El clima exige que se sea sobrio para encontrarse bien; los europeos que quieren vivir en estos países como en el suyo perecen todos de disentería y de indigestiones. «Somos —dice Chardin—, animales carniceros, lobos, en comparación con los asiáticos. Hay quien atribuye la sobriedad de los persas a que su país está menos cultivado, y yo creo lo contrario: que su país abunda menos en productos porque los habitantes los necesitan menos. Si su frugalidad —continúa— fuese un efecto de la escasez del país, sólo los pobres comerían poco, mientras que, por regla general, lo hace todo el mundo, y se comería más o menos en cada provincia según la fertilidad de la región, mientras que por todo el reino se observa sobriedad. Se jactan mucho de su manera de vivir, diciendo que no hay más que mirarles a la cara para comprobar que están más sanos que los cristianos. En efecto, el rostro de los persas es terso; tienen la piel hermosa, fina y lisa, mientras que la tez de los armenios, súbditos suyos que viven a la europea, es basta, con barros, y sus cuerpos, gruesos y pesados» [57].

---

[57] Chardin, *Voyages en Perse*, Amsterdam, 1735, 4 volúmenes; vol. 3, págs. 76 y 83-84.

Cuanto más nos acercamos al ecuador, los pueblos viven menos. Casi no comen carne; sus alimentos ordinarios son el arroz, el maíz, el cuscús, el mijo, el cazabe. Hay en la India millones de hombres cuya alimentación no cuesta ni cinco céntimos diarios. En la misma Europa vemos diferencias notables de apetito entre los pueblos del norte y del sur. Un español vivirá ocho días con la comida de un alemán. En los países en que los hombres son más voraces, el lujo se dirige también a los objetos de consumo. En Inglaterra se ofrece una mesa repleta de viandas; en Italia se regalan dulces y flores.

El lujo en el vestir presenta también diferencias análogas. En los climas en que los cambios de las estaciones son repentinos y violentos, tienen vestidos mejores y más sencillos; en aquellos en que sólo se viste por adorno se busca más la brillantez que la utilidad, y los mismos vestidos son un lujo. En Nápoles se ve todos los días pasearse a los hombres por el Posilipo con casacas bordadas en oro y sin medias. Lo mismo ocurre con los edificios: se dedica todo a la magnificencia cuando no hay que temer las inclemencias del tiempo. En París, en Londres, se busca una alojamiento abrigado y cómodo; en Madrid tienen salones soberbios, pero no hay una ventana que cierre, y se acuestan en un nido de ratones.

Los alimentos son mucho más sustanciosos y suculentos en los países cálidos; he aquí un tercera diferencia que no puede dejar de influir en la segunda. ¿Por qué se comen tantas legumbres en Italia? Porque son buenas, nutritivas, de excelente sabor. En Francia, donde no se nutren más que de agua, no alimentan y apenas si se cuenta con ellas en las mesas. No por eso ocupan menos terrenos ni cuesta menos trabajo cultivarlas. Es un hecho comprobado que los trigos de Berbería, inferiores, por lo demás, a los de Francia, rinden mucho más en harina, y que los de Francia, a su vez, cunden más que los trigos del norte. De lo que se puede inferir que se observa una graduación análoga, por regla general, en la misma dirección, desde el ecuador hasta el polo. Pues bien, ¿no es una desventaja visible tener en un mismo producto menor cantidad de alimento?

A todas estas consideraciones diferentes puedo añadir otra que deriva de ellas y las refuerza: es que los países cálidos necesitan menos habitantes que los fríos pudiendo alimentar a más, lo que produce un doble excedente en beneficio siempre del despotismo. Cuanta mayor superficie ocupe el mismo número de habitantes, más difíciles se hacen los levantamientos, porque no se pueden concentrar ni con rapidez ni en secreto y porque siempre le resulta fácil al gobierno descubrir los complots y cortar las comunicaciones; cuanto más se concentra un pueblo numeroso, menos puede el gobierno usurpar los derechos del soberano: los jefes deliberan con tanta seguridad en sus habitaciones como los príncipes en su consejo, y la multitud se reúne tan pronto en las plazas como las tropas en los cuarteles. La ventaja al respecto de un gobierno tiránico consiste, pues, en actuar a grandes distancias. Con la ayuda de los puntos de apoyo de que se sirve, su fuerza aumenta con la distancia, como la de las palancas [58]. La del pueblo, por el contrario, no actúa más que concentrada; al extenderse, se evapora y se pierde como el efecto de la pólvora esparcida por el suelo, que no se inflama más que grano a grano. Por eso los países menos poblados son los más idóneos

---

[58] Esto no contradice lo que he dicho antes (Libro II, capítulo IX) sobre los inconvenientes de los Estados grandes, porque allí se trataba de la autoridad del gobierno sobre sus miembros y aquí se trata de su fuerza contra los súbditos. Sus miembros dispersos le sirven de puntos de apoyo para actuar a distancia sobre el pueblo, pero no tiene ningún punto de apoyo para obrar directamente sobre esos miembros mismos. Así, en uno de los casos la longitud de la palanca causa la debilidad y en el otro la fuerza. (ROUSSEAU.)

para la tiranía: los animales feroces sólo campan por sus respetos en los desiertos.

Capítulo IX

Los signos de un buen gobierno

Cuando preguntamos en términos absolutos cuál es el mejor gobierno, se plantea una pregunta insoluble porque es indeterminada o, si se quiere, porque tiene tantas soluciones acertadas como combinaciones posibles hay en las posiciones absolutas y relativas de los pueblos.

Otra cosa sería preguntar por qué signo podemos conocer que un pueblo está bien o mal gobernado, y la cuestión podría, de hecho, resolverse.

No obstante, no se resuelve porque todos quieren contestarla a su manera. Los súbditos alaban la tranquilidad pública; los ciudadanos, la libertad de los particulares; uno prefiere la seguridad de las posesiones y otro la de las personas; uno pretende que el mejor gobierno es el más severo; otro defiende que es el más suave; aquél quiere que se castiguen los crímenes, éste que se prevengan; a uno le parece bien ser temido por los vecinos, otro prefiere ser ignorado por ellos; uno se contenta con que circule el dinero; otro exige que el pueblo tenga pan. Aunque llegáramos a un acuerdo en estos puntos y en otros semejantes, ¿habríamos adelantado algo? Las cantidades morales no pueden medirse con precisión: aunque estuviéramos de acuerdo en el signo, ¿cómo estarlo en la valoración?

Por lo que a mí respecta, siempre me admiro de que se ignore un signo tan simple o que se tenga la mala fe de no reconocerlo. ¿Cuál es el fin de la asociación política? La conservación y la prosperidad de sus miembros. ¿Y cuál es el signo más evidente de que se conservan y prosperan? Su número y su población. No vayáis, pues, a buscar más lejos ese signo tan discutido. En igualdad de condiciones, es infaliblemente mejor el gobierno bajo el cual sin medios extranjeros, sin naturalizaciones, sin colonias, los ciudadanos pueblan y se multiplican más: aquel bajo el cual un pueblo disminuye y decae es el peor. Calculadores, ahora es asunto vuestro: contad, medid, comparar[59].

---

[59] Por el mismo principio se deben juzgar los siglos que merecen la preferencia por la prosperidad del género humano. Se ha admirado excesivamente a aquellos en que se vieron florecer las letras y las artes (sin profundizar en el objetivo secreto de su cultura, sin considerar su efecto funesto, *idque apud imperitos humanitas vocabatur, cum pars servitutis* *. ¿No veremos nunca en las máximas de los libros el burdo interés que hace hablar a los autores? No, digan lo que quieran, cuando a pesar de su esplendor un país se despuebla, no es cierto que todo vaya bien, y no basta que un poeta tenga cien mil libras de renta para que su siglo sea el mejor de todos. Hay que mirar menos al reposo aparente y a la tranquilidad de los jefes que al bienestar de las naciones enteras, y sobre todo de los estados más numerosos. El granizo asola algunos cantones, pero raras veces ocasiona carestía. Las revueltas, las guerras civiles causan mucho pavor a los jefes, pero no constituyen las verdaderas desgracias de los pueblos, que pueden incluso tener descanso mientras se disputa quién los ha de tiranizar. De su estado permanente es de donde nacen sus prosperidades o sus calamidades reales; cuando todo permanece aplastado bajo el yugo es cuando todo decae; es entonces cuando los jefes los destruyen cómodamente *ubi solitudinem faciunt, pacem apellant* **. Cuando los abusos de los grandes agitaban el reino de Francia, y cuando el coadjutor de París *** llevaba al parlamento un puñal en el bolsillo, esto no impedía que el pueblo francés viviese feliz y numeroso en un honrado y libre desahogo. Antiguamente, Grecia florecía en el seno de las guerras más crueles: la sangre corría a oleadas y todo el país estaba cubierto de hombres. Parece, dice Maquiavelo ****, que, en medio de las muertes, de las proscripciones, de las guerras civiles, nuestra república se hizo más poderosa; la virtud de sus ciudadanos, sus costumbres, su independencia, tenían más efecto para fortalecerla que todas sus disensiones para debilitarla. Un poco de agitación da vigor a las almas, y lo que realmente hace prosperar la especie no es tanto la paz como la libertad. (ROUSSEAU.)

* «Los tontos llamaban humanidad a lo que era ya un comienzo de servidumbre.» (Tácito, *Agrícola*, 21.)

** «Donde hacen soledad lo llaman paz.» (*Ibíd.*, 31.)

*** El cardenal de Retz, que lo cuenta en sus *Memorias* (L. 3).

**** Adaptación de un pasaje de *Historias de Florencia*.

CAPÍTULO X

El abuso del gobierno y su inclinación a degenerar

Al igual que la voluntad particular actúa sin cesar contra la voluntad general, el gobierno se esfuerza continuamente contra la soberanía. Cuanto más aumenta este esfuerzo, más se altera la constitución, y como no hay aquí otra voluntad de cuerpo que, resistiendo a la del príncipe, la equilibre, antes o después debe suceder que el príncipe acabe oprimiendo al soberano y rompa el tratado social. Éste es el vicio inherente e inevitable que, desde el nacimiento del cuerpo político, tiende sin tregua a destruirlo, al igual que la vejez y la muerte acaban destruyendo el cuerpo del hombre.

Hay dos procesos naturales a través de los cuales degenera un gobierno: cuando se concentra o cuando el Estado se disuelve.

El gobierno se concentra cuando pasa de ser ejercido por un gran número a serlo por uno pequeño; es decir, cuando pasa de la democracia a la aristocracia y de ésta a la monarquía. Ésa es su inclinación natural [60]. Si retrocediera de menor a

---

[60] La lenta formación y el progreso de la República de Venecia en sus lagunas ofrece un ejemplo notable de esta sucesión, y es muy sorprendente que, desde hace más de mil doscientos años, los venecianos parezcan no estar aún más que en el segundo término, que comenzó en el Serrar di Consiglio en 1198.

En cuanto a los antiguos Dux que se les reprocha, diga lo que quiera el *Squittinio della libertà veneta* *, está probado que no fueron soberanos suyos.

No faltará quien me objete que la República Romana siguió —dirán— un progreso diametralmente opuesto, pasando de la monarquía a la aristocracia y de la aristocracia a la monarquía. Disto mucho de pensar así.

El primer establecimiento de Rómulo fue un gobierno mixto que pronto degeneró en despotismo. Por determinadas causas, el Estado pereció antes de tiempo, como se ve morir a un recién nacido antes de alcanzar la edad adulta. La expulsión de los Tarquinos fue la verdadera época del nacimiento de la República. Pero al principio no adoptó una forma constante, porque al abolir el patriciado no se hizo más que la mitad del trabajo. Porque de este modo la aristocracia hereditaria, que es la peor de las administraciones legítimas, al

mayor número, se podría decir que se relaja, pero este progreso inverso es imposible.

Efectivamente, jamás cambia el gobierno de forma más que cuando, gastadas sus energías, queda ya debilitado para poder conservar la suya. Ahora bien, si se relajase, además, extendiéndose, su fuerza terminaría siendo totalmente nula y le sería más difícil subsistir. Es preciso, pues, fortalecer y apretar el resorte a medida que cede; de otro modo, el Estado al que sostiene sucumbirá.

A la disolución del Estado se puede llegar de dos maneras.

En primer lugar, cuando el príncipe no administra el Estado según las leyes y cuando usurpa el poder soberano. Entonces se opera un cambio notable, y es que, no ya el gobierno, sino el Estado, se restringe; quiero decir que el gran Estado se disuelve y se forma otro en éste, compuesto sólo por los

---

permanecer en conflicto con la democracia no fue fijada la forma de gobierno, siempre incierta y flotante, como lo ha demostrado Maquiavelo **, hasta el establecimiento de los tribunales; sólo entonces hubo un verdadero gobierno y una auténtica democracia. Efectivamente entonces el pueblo no era sólo soberano, sino también magistrado y juez; el Senado no era más que un tribunal subalterno para moderar o concentrar el gobierno, y los propios cónsules, aunque patricios, aunque primeros magistrados, aunque generales absolutos en la guerra, no eran en Roma más que los presidentes del pueblo.

Desde entonces se vio también al gobierno adoptar su inclinación natural y tender fuertemente hacia la aristocracia. Abolido el patriciado como por sí mismo, la aristocracia no estaba ya en el cuerpo de los patricios como está en Venecia y en Génova, sino en el cuerpo del Senado, compuesto de patricios y de plebeyos, incluso en el cuerpo de los tribunos cuando éstos comenzaron a usurpar un poder activo; porque las palabras nada hacen a las cosas, y cuando el pueblo tiene jefes que gobiernan por él, sea el que fuere el nombre que llevan esos jefes, siempre es una aristocracia.

De los abusos de la aristocracia, nacieron las guerras civiles y el triunvirato; Sila, Julio César y Augusto se convirtieron en la práctica en verdaderos monarcas y, finalmente, bajo el despotismo de Tiberio, se disolvió el Estado. La historia romana no desmiente, pues, mi principio, sino que lo confirma. (ROUSSEAU.)

* Escrito anónimo aparecido en 1612, destinado a establecer el derecho de soberanía de los emperadores sobre la República de Venecia.

** Maquiavelo, *Discurso sobre la Primera Década de Tito Livio*, I, 2-3.

miembros del gobierno, el cual ya no es para el resto del pueblo más que su amo y su tirano. De modo que en el momento en que el gobierno usurpa la soberanía, el pacto social se rompe y todos los ciudadanos simples, al recobrar de derecho su libertad, se ven forzados, pero no obligados, a obedecer.

Lo mismo pasa cuando los miembros del gobierno usurpan por separado el poder que no deben ejercer sino corporativamente, lo que no constituye una infracción menor de las leyes y produce un desorden aún mayor. Hay entonces, por así decirlo, tantos príncipes como magistrados, y el Estado, no menos dividido que el gobierno, perece o cambia de forma.

Cuando se disuelve el Estado, el abuso del gobierno, cualquiera que sea, toma el nombre común de *anarquía*. Distinguiendo, la democracia degenera en *oclocracia*, la aristocracia en *oligarquía*; yo añadiría que la monarquía degenera en *tiranía*, pero esta última palabra es equívoca y requiere explicación.

En el sentido vulgar, un tirano es un rey que gobierna con violencia y sin tener en cuenta la justicia ni las leyes. En el sentido preciso, un tirano es un particular que se arroga la autoridad regia sin tener derecho a ella. Así es como entendían los griegos la palabra *tirano*; la aplicaban indistintamente a los príncipes buenos y a los malos cuya autoridad no era legítima[61]. Así, *tirano* y *usurpador* son dos palabras perfectamente sinónimas.

---

[61] *Omnes enim et habentur et dicuntur Tyranni qui potestate utuntur perpetua in ea civitate quae libertate usa est.* («Pues se llaman tiranos todos aquellos que se apoderan del poder y lo ejercen perpetuamente en aquella ciudad que antes tenía libertad.») Cornelio Nepote, *Contra Milcíades*, cap. VIII. Es cierto que Aristóteles (*Ética a Nicómaco*, Libro VIII, cap. 10) distingue al tirano del rey, en que el primero gobierna para su propia utilidad y el segundo lo hace sólo para la utilidad de sus súbditos; pero además de que todos los autores griegos generalmente han tomado la palabra *tirano* en un sentido distinto, como parece, sobre todo, en el *Hierón*, de Jenofonte, de la distinción de Aristóteles se deduciría que desde el comienzo del mundo no habría existido aún ni un solo rey. (ROUSSEAU.)

Para dar diferentes nombres a diferentes cosas, llamo *tirano* al usurpador del poder soberano. Tirano es el que se inmiscuye contra las leyes para gobernar según las leyes; déspota es el que se sitúa por encima de las propias leyes. Así el tirano puede no ser déspota, pero el déspota es siempre tirano.

Capítulo XI

La muerte del cuerpo político

Ésta es la inclinación natural e inevitable de los gobiernos mejor constituidos. Si Esparta y Roma perecieron, ¿qué Estado puede abrigar la esperanza de durar siempre? Si queremos formar una institución duradera, no pensemos, pues, en hacerla eterna. Para tener éxito no hay que intentar lo imposible ni pretender dar a las obras de los hombres una solidez impropia de las cosas humanas.

Al igual que el cuerpo del hombre, el cuerpo político comienza a morir desde su nacimiento y lleva en sí mismo las causas de su destrucción. Pero uno y otro pueden tener una constitución más o menos robusta y apta para conservarlo más o menos tiempo. La constitución del hombre es la obra de la naturaleza; la del Estado es obra del arte. No depende de los hombres prolongar su vida, pero sí la del Estado, dándole la mejor constitución que pueda tener. El mejor constituido morirá, poco más tarde que otro, si ningún incidente imprevisto provoca su muerte antes de tiempo.

El principio de la vida política radica en la autoridad soberana. El poder legislativo es el corazón del Estado; el poder ejecutivo es el cerebro que mueve todas las partes. El cerebro puede sufrir una parálisis y el individuo seguir viviendo. Un hombre se queda imbécil y vive; pero en cuanto el corazón no cumple sus funciones, el animal muere.

El Estado no subsiste por las leyes, sino por el poder legislativo. La ley de ayer no obliga hoy, pero el consentimiento tácito se presume por el silencio y se da por supuesto que el soberano confirma incesantemente las leyes que no abroga pudiendo hacerlo. Todo lo que una vez declaró querer lo sigue queriendo siempre, a menos que lo revoque.

¿Por qué se tiene, entonces, tanto respeto a las leyes antiguas? Por eso mismo. Debe creerse que sólo la excelencia de las voluntades antiguas ha podido conservarlas tanto tiempo: si el soberano no las hubiese estado considerando constantemente como beneficiosas, las habría revocado mil veces. He aquí por qué, lejos de debilitarse, las leyes adquieren sin cesar una fuerza nueva en todo Estado bien constituido; el prejuicio de la antigüedad las hace cada día más venerables, mientras que allí donde las leyes se debilitan al envejecer, es prueba de que no hay ya poder legislativo y de que el Estado ya no vive.

Capítulo XII

Cómo se mantiene la autoridad soberana

Al no tener el soberano otra fuerza que el poder legislativo, sólo actúa por leyes, y al no ser las leyes sino auténticos actos de la voluntad general, el soberano sólo podría actuar cuando el pueblo está reunido. ¡El pueblo reunido!, dirá alguien. ¡Qué quimera! Es una quimera hoy, pero no lo era hace dos mil años. ¿Han cambiado los hombres de naturaleza?

En cuestiones morales los límites de lo posible son menos estrechos de lo que creemos; nuestras debilidades, nuestros vicios, nuestros prejuicios son los que las encogen. Las almas bajas no creen en los grandes hombres; viles esclavos, sonríen burlonamente ante la palabra *libertad*.

Consideremos lo que se puede hacer a partir de lo que se hizo. No hablaré de las antiguas repúblicas de Grecia, pero creo que la república romana era un gran Estado y la ciudad de Roma, una gran ciudad. El último censo contabilizó en Roma cuatrocientos mil ciudadanos armados y el último empadronamiento del Imperio, más de cuatro millones de ciudadanos, sin contar los súbditos, los extranjeros, las mujeres, los niños ni los esclavos.

¿Qué dificultad no supondría reunir con frecuencia al pueblo inmenso de esa capital y de sus alrededores? Sin embargo no pasaban muchas semanas sin que se reuniese el pueblo romano, e incluso varias veces. No sólo ejercía los derechos de la soberanía, sino una parte de los del gobierno. Trataba ciertos asuntos, juzgaba ciertas causas y este pueblo era en la plaza pública casi tan a menudo magistrado como ciudadano.

Si nos remontáramos a los primeros tiempos de las naciones, encontraríamos que la mayor parte de los antiguos gobiernos, incluso monárquicos como los de los macedonios y de los francos, tenían consejos similares. De cualquier forma, este solo hecho incontestable responde a todas las dificultades: de lo existente a lo posible, la consecuencia me parece legítima.

CAPÍTULO XIII

Continuación

No basta que el pueblo reunido haya fijado una vez la constitución del Estado sancionando un cuerpo de leyes; no basta que haya establecido un gobierno perpetuo o que haya provisto de una vez para siempre la elección de los magistrados. Además de las asambleas extraordinarias exigidas por casos imprevistos, es menester que haya otras fijas y periódicas que nada pueda abolir o prorrogar, de forma que en un día señalado el pueblo sea legítimamente convocado por la ley sin que para ello se necesite ninguna otra convocatoria formal.

Pero fuera de estas asambleas jurídicas de fecha fija, toda asamblea del pueblo que no haya sido convocada por los magistrados propuestos para este efecto, y según las normas prescritas, debe considerarse como ilegítima y como nulo todo lo que se haga en ella, porque la orden misma de reunirse debe emanar de la Ley.

Respecto a la mayor o menor frecuencia de las asambleas legítimas, depende de tantas consideraciones que no se podrían dar al respecto reglas precisas. Sólo puede decirse, en general, que cuanta más fuerza tiene el gobierno, más frecuentemente debe actuar el soberano.

Se me dirá que esto puede valer para una sola ciudad, pero, ¿y cuando el Estado comprende varias? ¿Se dividirá la autoridad soberana o debe mejor concentrarse en una sola ciudad y someter a ella las demás?

Mi respuesta es que no se debe hacer ni lo uno ni lo otro. En primer lugar, la autoridad soberana es simple y una, y no se la puede dividir sin destruirla. En segundo lugar, una ciudad, lo mismo que una nación, no se puede someter legítimamente a otra, porque la esencia del cuerpo político reside en el acuerdo entre la obediencia y la libertad, y las palabras *súbdito* y *soberano* son correlaciones idénticas, cuya idea está comprendida en el solo término de *ciudadano*.

Contesto también que siempre es un mal unir varias ciudades en una sola y que, si se quiere hacer esta unión, no hay que jactarse de evitar sus inconvenientes naturales. No debe objetarse recordando el abuso de los grandes Estados a quien sólo los quiere pequeños, pero, ¿cómo dar a los Estados pequeños fuerza suficiente para resistir a los grandes? Como antiguamente las ciudades griegas resistieron al gran rey y como más recientemente Holanda y Suiza han resistido a la casa de Austria.

Sin embargo, si no se puede reducir el Estado a justos límites, queda todavía un recurso: no soportar una capital, asentar alternativamente el gobierno en cada ciudad y reunir así en cada una sucesivamente los Estados del país.

Poblad igualmente el territorio, extended por todas partes los mismos derechos, llevad por doquier la abundancia y la vida: así es como el Estado llegará a ser a la vez el más fuerte y el mejor gobernado posible. Recordad que los muros de las ciudades se forman de los escombros de las casas de campo. Cada vez que veo alzarse un palacio en la capital, me parece ver que se deja en ruinas toda una región.

Capítulo XIV

Continuación

Desde el momento en que el pueblo está legítimamente reunido como cuerpo soberano, cesa toda jurisdicción del gobierno, se suspende el poder ejecutivo y la persona del último de los ciudadanos es tan sagrada e inviolable como la del primer magistrado, pues donde se encuentra el representado no existe ya el representante. La mayoría de los tumultos que se produjeron en Roma en los comicios provino de haber ignorado o descuidado esta regla. Los cónsules no eran entonces más que los presidentes del pueblo; los tribunos, simples oradores [62], y el senado, absolutamente nada.

---

[62] Poco más o menos, de acuerdo con el sentido que se da a este nombre en el Parlamento de Inglaterra. La semejanza de esos usos habría creado un conflicto entre los cónsules y los tribunos, incluso aunque se hubiese suspendido toda legislación. (ROUSSEAU.)

Estos intervalos de suspensión en que el príncipe reconoce o debe reconocer un superior actual, son siempre terribles para él, y estas asambleas del pueblo, que son la égida del cuerpo político y el freno del gobierno, han sido siempre el horror de los jefes, por lo que nunca ahorran esfuerzos, objeciones, dificultades ni promesas para disuadir de ellas a los ciudadanos. Cuando éstos son avaros, cobardes, pusilánimes, más amantes del reposo que de la libertad, no aguantan mucho tiempo los esfuerzos redoblados del gobierno; así es como al aumentar constantemente la fuerza de resistencia, la autoridad soberana acaba por desvanecerse y la mayor parte de las ciudades caen y perecen antes de tiempo.

Pero entre la autoridad soberana y el gobierno arbitrario se introduce a veces un poder medio del que es preciso hablar.

Capítulo XV

Los diputados o representantes

Tan pronto como el servicio público deja de ser la cuestión principal para los ciudadanos y éstos prefieren servir con su dinero antes que con su persona, el Estado se encuentra ya cerca de su ruina. ¿Que hay que ir al combate? Pagan tropas y se quedan en sus casas. ¿Que hay que ir al consejo? Nombran diputados y se quedan en sus casas. A fuerza de pereza y de dinero terminan teniendo soldados que sojuzguen a la patria y representantes que la vendan.

El movimiento del comercio y de las artes, el ávido interés de la ganancia, la indigencia y el amor a las comodidades, hacen cambiar los servicios personales por dinero. Se cede una parte del beneficio personal para aumentarlo a placer. Dad dinero y pronto tendréis cadenas. La palabra *finanzas* [63] es palabra de esclavos; no se la conoce en la ciudad. En un Estado verdaderamente libre los ciudadanos lo hacen todo con sus manos y nada con el dinero; lejos de pagar para librarse de sus deberes, pagarían por cumplirlos ellos mismos. Estoy muy lejos de lo que corrientemente se piensa: considero que las prestaciones personales son menos contrarias a la libertad que los impuestos.

Cuanto mejor constituido está el Estado, más prevalecen los asuntos públicos sobre los privados en el espíritu de los ciudadanos. Incluso hay muchos menos asuntos privados, porque al proporcionar la suma del bienestar común una porción mayor que el de cada individuo, le queda menos que buscar en los asuntos particulares. En una ciudad bien guiada, todos acuden corriendo a las asambleas; con un mal gobierno, nadie quiere dar un paso para dirigirse a ellas; porque nadie presta interés a lo que allí se hace, pues se prevé que no dominará en ellas la voluntad general, y a fin de cuentas las atenciones domésticas lo absorben todo. Las buenas leyes impulsan a hacer otras mejores; las malas acarrean otras peores. En cuanto alguien dice de los asuntos del Estado: «¿A mí que me importa?», hay que considerar que el Estado está perdido.

El enfriamiento del amor a la patria, la actividad del interés privado, la gran extensión de los Estados, las conquistas, el abuso del gobierno, todo ello ha dado lugar a la existencia de diputados o representantes del pueblo en las asambleas de la nación. A esto es a lo que en ciertos países se atreven a llamar «tercer Estado». Así, el interés particular de los dos órdenes es colocado en el primero y el

---

[63] La palabra *finance* no tenía en el francés antiguo el mismo sentido que hoy, ya que designaba el dinero con que se compraba un cargo. En este sentido la usa Rousseau.

segundo rango, en tanto que el interés público se coloca en el tercero[64].

La soberanía no puede ser representada, por la misma razón que no puede ser enajenada: consiste esencialmente en la voluntad general, y la voluntad no se representa; o es ella misma, o es otra: no hay término medio. Los diputados del pueblo no son, pues, ni pueden ser sus representantes, no son más que sus delegados; no pueden acordar nada definitivamente. Toda ley que no haya ratificado personalmente el pueblo es nula; no es una ley. El pueblo inglés se cree libre y se equivoca de parte a parte; sólo lo es durante la elección de los miembros del Parlamento; en cuanto los ha elegido, es esclavo, no es nada. Por el uso que hace de su libertad en los breves momentos en que disfruta de ella merecería perderla.

La idea de los representantes es moderna: procede del gobierno feudal, de ese inicuo y absurdo gobierno en el que se ha degradado la especie humana y en la que se ha deshonrado el llamarse hombre. En las antiguas repúblicas, e incluso en las monarquías, jamás tuvo el pueblo representantes; no se conocía esta palabra. Es muy curioso que en Roma, donde los tribunos eran tan sagrados, ni siquiera se les ocurriera que pudiesen usurpar las funciones del pueblo y que, en medio de una multitud tan grande, nunca intentaran aprobar ni un plebiscito con su sola autoridad. Considérense, sin embargo, las dificultades que acarreaba a veces el gentío, por lo que sucedió en tiempo de los Gracos, en que una parte de los ciudadanos tuvo que emitir su voto desde los tejados.

Donde el derecho y la libertad lo son todo, los inconvenientes no cuentan nada. En este pueblo sabio todo se situaba

---

[64] Alude a los Estados Generales, que se constituían por delegados de los tres órdenes.

en su justa medida; dejaba hacer a los lictores lo que sus tribunos no se hubiesen atrevido a hacer; no temían que sus lictores quisieran representarlos.

Para explicar, sin embargo, cómo los representaban los tribunos algunas veces, basta pensar cómo representaba el gobierno al soberano. Por no ser la ley más que la declaración de la voluntad general, es evidente que el pueblo no puede ser representado en el poder legislativo; pero puede y debe serlo en el poder ejecutivo, que no es sino la fuerza aplicada a la ley. Esto demuestra que, examinando bien las cosas, encontraríamos muy pocas naciones que tuviesen leyes. De cualquier modo, es seguro que los tribunos, que no tenían parte alguna en el poder ejecutivo, nunca pudieron representar al pueblo romano por los derechos de sus cargos, a no ser que usurparan los del senado.

Entre los griegos, cuanto tenía que hacer el pueblo lo hacía por sí mismo: constantemente estaba reunido en la plaza. Disfrutaba de un apacible clima, no era ansioso, los esclavos hacían sus trabajos, su interés central era la libertad. No teniendo las mismas ventajas, ¿cómo conservar los mismos derechos? Vuestros climas más duros os crean más necesidades [65]; durante seis meses del año no se puede usar vuestra plaza pública, vuestras sordas lenguas no pueden hacerse oír al aire libre: os importa más vuestro beneficio que vuestra libertad y teméis mucho menos la esclavitud que la miseria.

¿Cómo? ¿Que la libertad sólo se mantiene con el sostén de la servidumbre? Quizá. Los extremos se tocan. Todo lo que no está en la naturaleza tiene sus inconvenientes y la sociedad civil más que todo el resto. Hay situaciones tan desdichadas que en ellas no se puede conservar la libertad más que al coste

---

[65] Adoptar en los países fríos el lujo y la molicie de los orientales es querer darse a sí mismo sus cadenas; es someterse a éstas más necesariamente aún que a aquéllos. (ROUSSEAU.)

de la de otro y en que el ciudadano no puede ser perfectamente libre a no ser que el esclavo sea totalmente esclavo. Ésa era la situación de Esparta. En cuanto a vosotros, pueblos modernos, no tenéis esclavos, pero lo sois; pagáis su libertad con la vuestra. Por más que alabéis esa preferencia, yo veo en ella más de cobardía que de humanidad.

No quiero decir con esto que haya que tener esclavos ni que el derecho de esclavitud sea legítimo, puesto que he demostrado la contrario. Digo sólo las razones por las que los pueblos modernos, que se creen libres, tienen representantes y por qué los pueblos antiguos no los tenían. De cualquier forma, desde el momento en que un pueblo nombra a quien la represente, ya no es libre, ya no existe.

Teniéndolo todo muy en cuenta, no veo que en lo sucesivo le sea posible al soberano conservar entre nosotros el ejercicio de sus derechos, a no ser que la ciudad sea muy pequeña. Pero si es muy pequeña, ¿será sometida? No. Después demostraré [66] cómo puede reunirse el poder exterior de un gran pueblo con la administración fácil y el buen orden de un pequeño Estado.

CAPÍTULO XVI

La institución del gobierno no es un contrato

Una vez establecido el poder legislativo, se trata de establecer igualmente el poder ejecutivo; porque éste, que sólo opera mediante actos particulares, al no tener la misma

---

[66] Es lo que me había propuesto hacer en la continuación de esta obra, cuando al tratar de las relaciones externas hubiera llegado a las confederaciones. Se trata de una materia totalmente nueva cuyos principios están aún por establecer. (ROUSSEAU.) El autor alude a una obra amplia que pensaba escribir: *Institutions Politiques*.

esencia que el otro, se halla naturalmente separado de él. Si fuese posible que el soberano, considerado como tal, tuviese el poder ejecutivo, el derecho y el hecho se confundirían de tal modo que ya no se sabría decir lo que es ley y lo que no lo es, y el cuerpo político, así desnaturalizado, sería pronto presa de la violencia contra la que fue instituido.

Al ser iguales todos los ciudadanos por el contrato social, lo que todos deben hacer lo pueden prescribir todos, mientras que nadie tiene derecho a exigir que otro haga lo que él mismo no hace. Ahora bien, este derecho, indispensable para hacer vivir y moverse el cuerpo político, es propiamente el que da el soberano al príncipe al instituir el gobierno.

Algunos han pretendido que el acto de esta institución era un contrato entre el pueblo y los jefes que éste se da; contrato por el que se estipularían entre las partes las condiciones en las cuales una se obligaría a mandar y la otra a obedecer. No dudo que se me concederá que ésta es una extraña manera de contratar. Pero veamos si esta opinión es sostenible.

En primer lugar, la autoridad suprema no puede ni modificarse ni enajenarse: limitarla es destruirla. Es absurdo y contradictorio que el soberano se dé a sí mismo un superior; obligarse a obedecer a un dueño es entregarse en plena libertad.

Es evidente, además, que este contrato del pueblo con tales o cuales personas sería un acto particular; de lo que se deduce que este contrato no podría ser ni una ley ni un acto de soberanía y que, por consiguiente, sería ilegítimo.

Vemos también que las partes contratantes estarían entre sí únicamente bajo la ley de la naturaleza y sin garantía alguna de sus compromisos recíprocos, lo que de cualquier modo repugna al estado civil. El hecho de tener alguien la fuerza en sus manos, siendo siempre dueño de la situación, equivaldría a dar el nombre de contrato al acto de un hombre que dijese a otro: «Te doy todos mis bienes a condición de que me los devuelvas cuando te parezca.»

No hay más que un contrato en el Estado: el de la asociación, y éste excluye cualquier otro. No podríamos imaginar ningún contrato público que no sea una violación del primero.

Capítulo XVII

La institución del gobierno

¿Cómo hay, pues, que concebir el acto por el que se instituye un gobierno? Haré notar, primero, que este acto es complejo o que se compone de otros dos: el establecimiento de la ley y la ejecución de la ley.

Por el primero, el soberano estatuye que habrá un cuerpo de gobierno establecido de tal o cual forma, y es evidente que este acto es una ley.

Por el segundo, el pueblo nombra los jefes que se encargarán del gobierno establecido. Ahora bien, al ser ese nombramiento un acto particular, no es una segunda ley, sino una secuela de la primera y una función del gobierno.

La dificultad está en comprender cómo puede haber un acto de gobierno antes de que exista el gobierno y cómo el pueblo, que no es sino magistrado o súbdito, puede llegar a ser príncipe o magistrado en determinadas circunstancias.

También aquí descubrimos una de esas sorprendentes propiedades del cuerpo político, en virtud de las cuales concilia operaciones aparentemente contradictorias. Porque esto se hace por una conversión súbita de la soberanía en democracia, de forma que, sin ningún cambio sensible, y sólo por una nueva relación de todos con todos, los ciudadanos, convertidos en magistrados, pasan de los actos generales a los particulares y de la ley a la ejecución.

Este cambio de relación no es una sutileza especulativa que carezca de aplicación en la práctica: tiene lugar diariamente en el Parlamento inglés, donde la Cámara baja se convierte, en determinadas ocasiones, en gran comité para discutir mejor los asuntos y se torna así en simple comisión, en vez de la corte soberana que era en el momento anterior, de tal forma que luego se somete a sí misma, como Cámara de los Comunes, lo que acaba de solucionar como gran comité y delibera de nuevo, con un título especial, lo que ya ha resuelto con otro.

He aquí la ventaja de que goza un gobierno democrático: poder ser establecido de hecho por un simple acto de la voluntad general. Después de lo cual, este gobierno provisional continúa en posesión, si ésa es la forma adoptada, o establece, en nombre del soberano, el gobierno prescrito por la ley, y de este modo todo se encuentra en regla. No cabe la posibilidad de instituir el gobierno de ninguna otra manera legítima y sin renunciar a los principios que acabo de establecer.

Capítulo XVIII

Medio de prevenir las usurpaciones del gobierno

De estas declaraciones resulta, en confirmación del capítulo XVI, que el acto que instituye el gobierno no es un contrato, sino una ley; que los depositarios del poder ejecutivo no son los amos del pueblo, sino sus oficiales; que puede nombrarlos o destituirlos cuando le parezca; que no les corresponde a ellos contratar, sino obedecer, y que, al encargarse de las funciones que les impone el Estado, no hacen más que cumplir con su deber de ciudadanos, sin tener en modo alguno derecho a discutir las condiciones.

Por tanto, cuando sucede que el pueblo instituye un gobierno hereditario, sea monárquico en una familia, sea aristocrático en una clase de ciudadanos, no contrae un compromiso, sino que da una forma provisional a la administración, hasta que le parezca ordenarla de otro modo.

Es cierto que estos cambios resultan siempre peligrosos y que no hay que tocar nunca el gobierno establecido, a no ser que se vuelva incompatible con el bien público; pero esta circunspección es una máxima de política y no una regla de derecho, y el Estado no está más obligado a dejar la autoridad civil a sus jefes de lo que está de entregar la autoridad militar a sus generales.

También es cierto que, en semejante caso, no se podrían observar con mucho rigor todas las formalidades que se requieren para distinguir un acto regular y legítimo de un tumulto sedicioso, y la voluntad de un pueblo de los clamores de un facción. En aquí, sobre todo, donde no se debe dar el caso odioso[67], sino lo que no se le puede negar en todo el rigor del derecho, y también de esta obligación es de donde saca el príncipe una gran ventaja para conservar su poder, a pesar del pueblo, sin que se pueda decir que lo ha usurpado; porque, dando la apariencia de no usar más que de sus derechos, le resulta muy fácil ampliarlos e impedir, con el pretexto de la tranquilidad pública, las asambleas destinadas a restablecer el auténtico orden; de forma que se prevale de un silencio que él impide romper o de las irregularidades que hace cometer, para suponer en su favor la confesión de quienes callan por miedo y para castigar a quienes se atreven a hablar. Así es como los decenviros, elegidos al principio por un año, prorrogado luego por otro año, intentaron conservar su poder a perpetuidad, no

---

[67] Explicando la expresión «caso odioso», G. Beaulavon, en su edición de *El Contrato Social*, anota: «Vieja expresión jurídica caída en desuso. Es un caso en el que el ejercicio del derecho reivindicado se considera peligroso; se invoca entonces la máxima del Derecho Romano: *Odia restringenda, favores ampliandi*; es decir, que hay que restringir cuanto sea posible los derechos nocivos y dar, por el contrario, la mayor amplitud posible a los derechos ventajosos.»

permitiendo que se reunieran los comicios, y éste es el recurso fácil que han utilizado todos los gobiernos del mundo, una vez revestidos de la fuerza pública, para usurpar antes o después la autoridad soberana.

Las asambleas periódicas a las que antes me referí son idóneas para prevenir o demorar esa desgracia, sobre todo cuando no necesitan de convocatoria formal, porque entonces el príncipe no podría impedirlas sin declararse abiertamente infractor de las leyes y enemigo del Estado.

La apertura de estas asambleas, que no tienen por objeto más que el mantenimiento del tratado social, debe hacerse siempre mediante dos proposiciones que no se pueden suprimir nunca y que deben someterse a votación por separado:

Primera: «Si place al soberano conservar la forma de gobierno presente».

Segunda: «Si place al pueblo dejar la administración a quienes están actualmente encargados de ella» [68].

Doy aquí por supuesto lo que creo haber demostrado: que no hay en el Estado ninguna ley fundamental que no pueda revocarse, ni siquiera el pacto social; porque si todos los ciudadanos se reunieran para romper ese pacto, de común acuerdo, no se puede dudar que estaría legítimamente roto. Grocio piensa, incluso, que cada cual puede renunciar al Estado del que es miembro y recobrar su libertad natural y sus bienes abandonando el país [69]. Ahora bien, sería absurdo que todos los ciudadanos reunidos no pudiesen hacer lo que puede hacer por separado cada uno de ellos.

---

[68] Este párrafo le trajo muchos problemas a Rousseau en el juicio que se llevó a cabo en Ginebra contra *El Contrato Social*.

[69] Bien entendido que no se abandona para eludir nuestro deber y dispensarnos de servir a la patria en un momento en que nos necesite. La huida sería entonces criminal y punible; no sería una retirada, sino una deserción. (ROUSSEAU.)

LIBRO IV

Capítulo I

La voluntad general es indestructible

Mientras que varios hombres reunidos se consideren como un solo cuerpo, no tienen más que una sola voluntad, que se refiere a la conservación común y al bienestar general. Entonces todos los recursos del Estado son vigorosos y simples; sus máximas, claras y luminosas; no hay intereses confusos, contradictorios; el bien común se muestra por todas partes con evidencia, y no exige más que sensatez para que se lo perciba. La paz, la unión, la igualdad son enemigos de las sutilezas políticas. Los hombres rectos y sencillos son difíciles de engañar debido a su sencillez; las añagazas, los pretextos refinados no se les imponen; ni siquiera son lo bastante sutiles para resultar víctimas de engaños. Cuando en el más feliz de los países del mundo [70] vemos a los campesinos en tropel arreglar los asuntos del Estado bajo un roble y conducirse siempre prudentemente, ¿podemos evitar el despreciar los refinamientos de las demás naciones, que se hacen ilustres y miserables con tanto arte y tanto misterio?

Un Estado gobernado así necesita de muy pocas leyes, y conforme se va haciendo preciso promulgar nuevas, todos experimentan esta necesidad. El primero que las propone no

---

[70] Se refiere a los cantones rurales en Suiza.

hace más que expresar lo que ya todos han sentido, y no se requieren ni intrigas ni elocuencias para hacer que tenga rango de ley lo que cada cual ha resuelto hacer en cuanto los demás estén dispuestos a hacer como él.

Lo que engaña a quienes han tratado este tema es que, al no ver más que Estados mal constituidos desde su origen, les parece imposible mantener en ellos una organización así; se ríen al imaginar con cuántas tonterías un sinvergüenza hábil, un charlatán sugerente, podría persuadir al pueblo de París o de Londres. No saben que el pueblo de Berna le habría puesto cascabeles a Cromwell y que los ginebrinos habrían metido a Beaufort en el correccional[71].

Pero cuando el nudo social empieza a aflojarse y el Estado a debilitarse, cuando los intereses particulares comienzan a dejarse sentir y las pequeñas sociedades a influir en la grande, el interés común se altera y encuentra quienes se oponen a él; ya no reina unanimidad en las votaciones, la voluntad general no es ya la voluntad de todos, surgen contradicciones, debates y la mejor opinión no se aprueba sin disputas.

Finalmente, cuando el Estado, cerca de su ruina, no subsiste más que de una forma ilusoria e inútil, cuando el vínculo social se ha roto en todos los corazones, cuando el más vil interés se ampara descaradamente en el sagrado nombre del bien público, entonces la voluntad general enmudece y todos, guiados por motivos secretos, no opinan ya como ciudadanos, como si nunca hubiera existido el Estado, y se hace pasar falsamente bajo el nombre de ley decretos inicuos que no tienen otro fin que el interés particular.

¿Se deduce de esto que la voluntad general esté aniquilada o corrompida? No. Ésta es siempre constante, inalterable, pura; pero está subordinada a otras que prevalecen sobre ella.

---

[71] En Berna colgaban campanillas del cuello de los condenados a penas graves cuando los destinaban a trabajos forzosos para vergüenza pública.

Al separar su interés del interés común, cada ciudadano ve de sobra que no puede separarlo del todo; pero la parte del mal público que le corresponde no le parece nada en comparación con el bien exclusivo del que pretende apropiarse. Exceptuando este bien particular, quiere el bien general por su propio interés tan intensamente como cualquier otro. Incluso cuando vende su voto por dinero no extingue en él la voluntad general, la elude. La falta que comete consiste en cambiar el estado de la cuestión y responder otra cosa a lo que se le pregunta; de modo que, en lugar de decir mediante sufragio «es ventajoso para el Estado», dice «es ventajoso para tal hombre o para tal partido que tal o cual opinión se apruebe».

Así, la ley del orden público en las asambleas no consiste tanto en mantener en ellas la voluntad general como en hacer que sea interrogada en todos los casos y que responda siempre.

Tendría que hacer aquí muchas reflexiones sobre el sencillo derecho de votar en todo acto de soberanía, derecho que nadie puede quitar a los ciudadanos, y sobre el de opinar, proponer, dividir, discutir, que el gobierno tiene siempre gran cuidado en no dejar más que a sus miembros, pero este importante asunto exigiría un tratado aparte y no puedo decirlo todo en éste.

CAPÍTULO II

Los sufragios

En el capítulo anterior hemos visto que la manera como se tratan los asuntos generales puede dar un indicio bastante seguro del estado actual de las costumbres y de la salud del cuerpo político. Cuanto más reina lo concreto en las asambleas, esto es, cuanto más se acercan las opiniones a la unanimidad, más domina también la voluntad general; pero los largos debates, las disensiones, el tumulto, anuncian que ascienden los intereses privados y que decae el Estado.

Esto parece menos evidente cuando entran en su constitución dos o más órdenes, como en Roma los patricios y los plebeyos, cuyas querellas perturbaron a menudo los comicios, incluso en los mejores tiempos de la república; pero esta excepción es más aparente que real, porque entonces, a causa del vicio inherente al cuerpo político, tenemos, por así decirlo, dos Estados en uno; lo que no es cierto de dos conjuntos es cierto de cada uno por separado. Efectivamente, incluso en los tiempos más tormentosos, los plebiscitos del pueblo, cuando no se mezclaba en ellos el senado, se aprobaban siempre tranquilamente y con gran pluralidad de sufragios: al no tener los ciudadanos más que un interés, el pueblo no tenía más que una voluntad.

En el otro extremo del círculo reaparece la unanimidad. Es cuando los ciudadanos caídos en la servidumbre no tienen ya ni libertad ni voluntad; entonces, el temor y la adulación convierten el acto del sufragio en actos de aclamación; ya no se delibera, se adora o se maldice. Ésta era la forma ruin de opinar que tenía el senado bajo los emperadores. A veces se hacía con precauciones ridículas: Tácito observa que cuando, bajo Otón, los senadores llenaban de insultos a Vitelio, fingían hacer al mismo tiempo un ruido espantoso para que, si por casualidad llegaba a dominar él, no pudiera saber lo que había dicho cada uno de ellos [72].

De estas diversas consideraciones nacen las máximas por las que se debe regular la forma de contar los votos y de comparar las opiniones, según que la voluntad general sea más o menos fácil de conocer y el Estado más o menos decadente.

---

[72] Tácito, *Historias*, I, 85.

No hay más que una sola ley que por su naturaleza exija un consentimiento unánime: el pacto social, porque la asociación civil es el acto más voluntario del mundo; habiendo nacido todo hombre libre y dueño de sí mismo, nadie puede, bajo ningún pretexto, someterlo sin su consentimiento. Decidir que nazca esclavo el hijo de una esclava es decidir que no nace hombre.

Por tanto, si en el momento del pacto social se descubre que hay quienes se oponen, su oposición no invalida el contrato: sólo impide que queden comprendidos en él; son extranjeros entre los ciudadanos. Cuando el Estado se encuentra instituido, el consentimiento está en la residencia; habitar el territorio es someterse a la soberanía[73].

Fuera de este contrato primitivo, el voto del mayor número obliga siempre a los demás: es una consecuencia del propio contrato. Pero hay quien pregunta cómo puede un hombre ser libre y estar forzado a ajustarse a voluntades que no son la suya. ¿Cómo los que se oponen son libres y están sometidos a leyes a las que no han dado su consentimiento?

Mi respuesta es que la cuestión está mal planteada. El ciudadano consiente en todas las leyes, incluso en las que se aprueban a pesar suyo, e incluso en las que lo castigan cuando se atreve a transgredir alguna. La voluntad constante de todos los miembros del Estado es la voluntad general: por ella es por lo que los ciudadanos son libres[74]. Cuando se propone una ley en la asamblea del pueblo, lo que se les

---

[73] Esto debe entenderse siempre de un Estado libre, pues por lo demás la familia, los bienes, la falta de asilo, la necesidad, la violencia pueden retener a un habitante en el país a pesar suyo, y entonces su sola estancia no supone ya su consentimiento al contrato o a la violación del mismo. (ROUSSEAU.)

[74] En Génova se lee delante de las prisiones y sobre los grilletes de los galeotes la palabra *libertas*. Esta aplicación de la divisa es hermosa y justa. Efectivamente, sólo son los malhechores de todos los Estados quienes impiden al ciudadano ser libre. En un país en donde todas esas gentes estuvieran en galeras, se gozaría de la más perfecta libertad. (ROUSSEAU.)

pregunta no es precisamente si aprueban o si rechazan la proposición, sino si es conforme o no con la voluntad general, que es la suya; al dar su voto, cada uno emite su opinión al respecto, y del cálculo de los votos se deduce la declaración de la voluntad general. Por tanto, cuando prevalece la opinión contraria a la mía, no se prueba otra cosa sino que yo estaba equivocado y que lo que consideraba como voluntad general no lo era. Si hubiera vencido mi opinión particular, habría hecho otra cosa distinta de lo que hubiera querido, y entonces es cuando no hubiese sido libre.

Esto supone que todos los caracteres de la voluntad general siguen estando en la pluralidad: cuando dejan de estar en ella, sea cual sea el partido que se adopte, ya no hay libertad.

Al mostrar antes cómo se sustituía la voluntad general por las voluntades particulares en las deliberaciones públicas, he indicado sobradamente los medios practicables para prevenir tal abuso; luego volveré otra vez sobre ello. Respecto al número proporcional de votos para determinar esta voluntad, he ofrecido también los principios por los que se puede establecer. La diferencia de un solo voto rompe la igualdad, uno sólo que se oponga rompe la unanimidad; pero entre la unanimidad y la igualdad hay muchas divisiones desiguales, en cada una de las cuales puede fijarse ese número según el estado y las necesidades del cuerpo político.

Dos máximas generales pueden servir para regular esas relaciones: una, que cuanto más importantes y graves son las deliberaciones, más debe acercarse a la unanimidad la opinión que prevalece; otra, que cuanta mayor rapidez exige el asunto debatido, más debe reducirse la diferencia prescrita en la división de opiniones; en las deliberaciones que hay que tener que terminar urgentemente debe bastar la mayoría de un solo voto. La primera de estas máximas parece convenir más a las leyes, y la segunda, a los asuntos públicos. En cualquier caso, en su combinación es donde se establecen las mejores relaciones que se pueden dar a la pluralidad para que se pronuncie.

Capítulo III

Las elecciones

Respecto a las elecciones del príncipe y de los magistrados, que, como he dicho, son actos complejos, se pueden seguir dos vías: la elección y el sorteo. Tanto una como otro se han empleado en diversas repúblicas y aún vemos actualmente una mezcla muy complicada de ambos en la elección del dux de Venecia.

«El sufragio por sorteo —dice Montesquieu— es natural a la democracia.» Estoy de acuerdo, pero, ¿cómo? «El sorteo —continúa— es una forma de elegir que no aflige a nadie; deja a cada individuo una esperanza razonable de servir a la patria» [75]. Éstas no son razones.

Si nos fijamos en que la elección de los jefes es una función del gobierno y no de la soberanía, veremos por qué la vía del sorteo está más en la naturaleza de la democracia, donde la administración es tanto mejor cuanto menos se multiplican los actos.

En toda verdadera democracia la magistratura no es una ventaja, sino una carga gravosa que no se puede imponer con justicia a un particular y no a otro. Sólo la ley puede imponer esta carga a aquel en quien recaiga por sorteo, porque, al ser entonces la condición igual para todos, y al no depender la elección de ninguna voluntad humana, no hay aplicación particular que altere la universalidad de la ley.

---

[75] Montesquieu, *El espíritu de las leyes*, II, 2.

En la aristocracia, el príncipe escoge al príncipe, el gobierno se conserva por sí mismo y ahí es donde tienen razón de ser los sufragios.

El ejemplo de la elección del dux de Venecia confirma esta distinción, en lugar de eliminarla: esta forma mixta conviene a un gobierno mixto, porque es un error considerar que el gobierno de Venecia es una verdadera aristocracia. Si el pueblo no tiene allí parte alguna en el gobierno, la propia nobleza es pueblo. Una infinidad de pobres barnatotes[76] no se acercó nunca a ninguna magistratura y sólo tuvo de su nobleza el título inútil de excelencia y el derecho de asistir al gran Consejo; al ser este gran Consejo tan numeroso como nuestro Consejo General de Ginebra, sus ilustres miembros no tienen más privilegios que nuestros simples ciudadanos. Es cierto que, al margen de la gran disparidad de las dos repúblicas, la burguesía de Ginebra representa exactamente el patriciado veneciano; nuestros nativos y habitantes representan a los vecinos y al pueblo de Venecia, y nuestros campesinos equivalen a los súbditos de tierras arrendadas; en suma, de cualquier forma que consideremos esta república, abstracción hecha de su extensión, su gobierno no es más aristocrático que el nuestro. Toda la diferencia consiste en que, al no tener ningún jefe vitalicio, no tenemos la misma necesidad de recurrir al sorteo.

Las elecciones por sorteo tendrían pocos inconvenientes en una verdadera democracia en la que, al ser todo igual, tanto por las costumbres y los talentos como por las máximas y las fortunas, la elección llegaría a ser casi indiferente. Pero ya he dicho que no existe ninguna democracia verdadera.

---

[76] Habitantes del barrio de San Bernabé, una de las zonas más pobres de la ciudad de Venecia.

Cuando la elección y el sorteo se encuentran mezclados, la primera debe cubrir los puestos que exigen aptitudes idóneas, como los empleos militares; el otro conviene a aquellos en los que basta sensatez, justicia, integridad, como los cargos de judicatura, puesto que en un Estado bien constituido estas cualidades son comunes a todos los ciudadanos.

Ni el sorteo ni los sufragios se dan en el gobierno monárquico. Siendo el monarca por derecho el único príncipe y el único magistrado, la elección de sus lugartenientes sólo le corresponde a él. Cuando el abate de Saint-Pierre proponía multiplicar los Consejos del Rey de Francia y elegir a los miembros por escrutinio, no se daba cuenta de que estaba proponiendo cambiar la forma de gobierno.

Me faltaría exponer la forma de emitir y de recoger los votos en la asamblea del pueblo, pero quizá la historia de la organización romana a este respecto explique de modo más notable todas las máximas que yo pudiera establecer. No es indigno de un lector juicioso ver un poco en detalle cómo se trataban los asuntos públicos y particulares en un consejo de doscientos mil hombres.

Capítulo IV

Los comicios romanos

No disponemos de testimonios muy seguros de los primeros tiempos de Roma; parece incluso que la mayoría de las cosas que de ella se dicen son fábulas [77] y, por lo general, la parte más instructiva de los anales de los pueblos, que es la

---

[77] El nombre de *Roma*, que pretenden derivar de *Romulus*, es griego y significa *fuerza*; el nombre de *Numa* es también griego y significa *ley*. ¿No es significativo que los dos primeros reyes de esta villa hayan llevado de antemano unos nombres que cuadran tan bien con lo que hicieron? (ROUSSEAU).

historia de su establecimiento, es la que más nos falta. La experiencia nos enseña diariamente por qué causas surgen las revoluciones de los imperios, pero como ya no se forman pueblos, casi no disponemos más que de conjeturas para explicar cómo se han formado.

Los usos que se hallan establecidos testimonian que tales usos tuvieron un origen. De las tradiciones que se remontan a esos orígenes, debemos dar por más seguras las que apoyan las mayores autoridades confirmándolas con razones más fuertes. Ésta es la máxima que he intentado seguir al buscar cómo ejercía su poder supremo el pueblo más libre y más poderoso de la tierra [78].

Tras la fundación de Roma, la naciente república, esto es, el ejército del fundador, compuesto por albanos, sabinos y extranjeros, fue dividido en tres clases que, en función de esta división, recibieron el nombre de *tribus*. Cada una de estas tribus fue subdividida en diez curias, y cada curia en decurias, a cuya cabeza se puso a unos jefes llamados *curiones* o *decuriones*.

Aparte de esto, se extrajo de cada tribu un cuerpo de cien jinetes o caballeros, llamados centurias; por donde se ve que estas divisiones, poco necesarias en una villa, eran al principio militares, pero da la impresión de que un impulso de grandeza inclinaba a la pequeña ciudad de Roma a darse por anticipado una organización que conviniese a la capital del mundo.

De esta primera división surgió pronto un inconveniente: que al mantenerse siempre en el mismo estado la tribu de los albanos [79] y la de los sabinos [80], mientras la de los extranjeros [81]

---

[78] Se refiere al pueblo romano, como afirma Rousseau en el *Discurso sobre el origen de la desigualdad entre los hombres*.

[79] *Ramnenses*. (ROUSSEAU.)

[80] *Tatienses*. (ROUSSEAU.)

[81] *Luceres*. (ROUSSEAU.)

crecía sin cesar por la constante afluencia de éstos, no tardó en superar a las otras dos. El remedio que encontró Servio para este peligroso abuso fue cambiar la división, aboliendo la separación por razas y sustituyéndola por otra basada en los lugares de la villa que ocupaba cada tribu. De las tres tribus hizo cuatro, cada una de las cuales ocupaba una de las colinas de Roma y llevaba su nombre. Al remediar así la desigualdad actual, la evitó incluso para el futuro, y para que esta división no fuese sólo de lugares, prohibió a los habitantes de un barrio que se trasladaran a otro, con lo que evitó que se confundieran las razas.

Dobló también las tres antiguas centurias de caballería y les añadió otras doce, pero siempre con los nombres antiguos: medio simple y juicioso por el que acabó de distinguir el cuerpo de los caballeros del cuerpo del pueblo, sin hacer que protestara este último.

A estas cuatro tribus añadió Servio otras quince, llamadas tribus rústicas, porque estaban formadas por habitantes del campo, divididos en otros tantos cantones. Posteriormente, se formaron otras nuevas, y al final el pueblo romano quedó dividido en treinta y cinco tribus; número que permaneció fijo hasta el fin de la república.

Esta división de las tribus de la ciudad y de las tribus del campo produjo un resultado digno de atención, pues no hay otro ejemplo igual y porque a ello debió Roma tanto la conservación de sus costumbres como el acrecentamiento del imperio. Podría pensarse que las tribus urbanas se arrogarían pronto el poder y los honores, y que no tardarían en despreciar a las tribus rurales, pero fue todo lo contrario. Esa afición les venía de su sabio fundador, que unió a la libertad los trabajos rústicos y los militares, relegando, por así decirlo, a la ciudad las artes, los oficios, la intriga, la fortuna y la esclavitud.

De este modo, al vivir lo más ilustre de Roma en los campos cultivando la tierra, se habituaron a buscar en ellos el apoyo de la república. Por ser éste el estado de los patricios más dignos, fue honrado por todos; se prefirió la vida sencilla y laboriosa de los aldeanos a la vida ociosa y relajada de los habitantes de Roma, y aquel que en la ciudad no hubiera pasado de ser un desgraciado proletario, se convirtió, labrando los campos, en un ciudadano respetado. No sin motivo —dice Varrón [82]— establecieron nuestros magnánimos antepasados en la aldea el vivero de esos robustos y valientes hombres que los defendían en tiempo de guerra y los alimentaban en tiempo de paz. Plinio dice [83] positivamente que las tribus de los campos eran honradas debido a los hombres que las componían; mientras que se trasladaba, como símbolo de ignominia, a las de la ciudad a los cobardes a quienes se quería degradar. Al sabino Apio Claudio, que fue a establecerse a Roma, lo colmaron allí de honores, inscribiéndolo en una tribu rural que desde entonces tomó el nombre de su familia. Finalmente, todos los libertos ingresaban en las tribus urbanas, nunca en las rurales, y no hay, a lo largo de toda la república, un solo ejemplo de que uno de esos libertos alcanzase la magistratura, aunque hubiera llegado a ser ciudadano.

Esta máxima era excelente, pero la llevaron tan lejos que terminó produciendo un cambio y un auténtico abuso en la organización civil.

En primer lugar, tras haberse arrogado durante mucho tiempo el derecho a transferir arbitrariamente a los ciudadanos de una tribu a otra, dejaron que la mayoría se inscribiera donde le parecía; permiso que a buen seguro no beneficiaba nada y que privaba a la censura de uno de sus grandes resortes. Además, al hacerse inscribir todos los grandes y los poderosos en las tribus rurales y quedar los libertos, conver-

---

[82] Varrón, *De re rustica*, III, 1.
[83] Plinio, *Hist. Nat.*, XVIII, 3.

tidos en ciudadanos, con el populacho en las de la ciudad, las tribus acabaron, generalmente, por no tener ni lugar ni territorio, con lo que todos se hallaron tan mezclados que ya no se podía distinguir quién era miembro de cada una por los registros, de modo que la idea de *tribu* pasó de lo real a lo personal, o mejor, se convirtió casi en una quimera.

Sucedió, además, que, al estar más al alcance las tribus de la ciudad, llegaron a ser frecuentemente las más fuertes en los comicios y vendieron el Estado a quienes se dignaban a comprar los sufragios de la canalla que las componían.

Respecto a las curias, al haber hecho el fundador diez de cada tribu, todo el pueblo romano, encerrado entonces en los muros de la ciudad, quedó compuesto por treinta curias, cada una con su templos, sus dioses, sus oficiales, sus sacerdotes y sus fiestas, llamadas *compitalia*, equivalentes a las *paganalia* que tuvieron después las tribus rurales.

Al no poder repartirse por igual este número de treinta entre las cuatro tribus en el nuevo reparto de Servio, éste no quiso tocarlas y las curias independientes de las tribus constituyeron otra división más de los habitantes de Roma; pero ni en las tribus rurales ni en el pueblo que las componía se trató de curias, porque, habiéndose convertido las tribus en una institución puramente civil y habiéndose introducido en ellas otra organización para el reclutamiento de tropas, resultaron ya superfluas las divisiones militares de Rómulo. Así, aunque todo ciudadano estuviera inscrito en una tribu, no era en modo alguno necesario que lo estuviera en una curia.

Servio hizo además una tercera división que no tenía relación alguna con las dos precedentes y que por sus efectos llegó a ser la más importante de todas. Dividió todo el pueblo romano en seis clases, que no distinguió ni por el lugar ni por los hombres, sino por los bienes; de forma que las primeras clases se nutrían de ricos, las últimas de pobres y las intermedias de quienes poseían una fortuna mediana. Estas seis clases estaban subdivididas en ciento noventa y tres cuerpos llamados centurias, y estos cuerpos estaban tan distribuidos que sólo la primera clase comprendía más de la mitad y la última no formaba más que uno solo. Resultó, así, que la clase menos numerosa en hombres era la más numerosa en centurias y que toda la última clase sólo contaba como una subdivisión, aunque contuviese más de la mitad de los habitantes de Roma.

Para que el pueblo no se diera cuenta de las consecuencias de esta última reforma, Servio pretendió darle un aire militar: insertó en la segunda clase dos centurias de armeros y dos de instrumentos de guerra en la cuarta; en cada clase, excepto en la última, distinguió los jóvenes de los viejos, esto es, quienes estaban obligados a llevar armas de quienes su edad eximía legalmente de ellas; distinción que, como la de los bienes, originó la necesidad de rehacer con frecuencia el censo o empadronamiento. Finalmente, quiso que la asamblea se celebrase en el campo de Marte y cuantos tuvieran la edad de servir acudiesen allí con sus armas.

La razón por la que no aplicó en la última clase esta misma división de jóvenes y viejos es que no se concedía al populacho de que estaba compuesta el honor de empuñar las armas por la patria; había que tener hogares para obtener el derecho a defenderlos, y de esos innumerables rebaños de miserables que hoy lucen los reyes en sus ejércitos, quizás no haya ni uno que no hubiera sido expulsado desdeñosamente de una cohorte romana cuando los soldados eran los defensores de la libertad.

Con todo, también en la última clase se distinguió a los *proletarios* de aquellos a los que se llamaba *capite censi*. Los primeros, que no quedaban reducidos totalmente a la nada, daban al menos ciudadanos al Estado y, en momentos apremiantes, incluso soldados. En cuanto a los que no tenían absolutamente nada y que no podían ser empadronados más que por sus cabezas, eran considerados totalmente nulos, y Mario fue el primero que se dignó alistarlos.

Sin decidir aquí si este último empadronamiento era en sí bueno o malo, creo poder afirmar que sólo las costumbres sencillas de los primeros romanos, su desinterés, su gusto por la agricultura, su desprecio por el comercio y por el afán de lucro, podían hacerlo practicable. ¿Dónde está el pueblo moderno en el que el ansia devoradora, el espíritu inquieto, la intriga, los cambios continuos, las perpetuas revoluciones de las fortunas puedan permitir que dure veinte años una organización así sin trastornar todo el Estado? Y hay que observar además que las costumbres y la censura, más fuertes que esta institución, corrigieron en Roma sus vicios y que hubo ricos que se vieron relegados a la clase de los pobres, por haber hecho ostentación de riqueza.

Por todo esto podemos comprender la causa de que casi siempre se mencionan cinco clases, aunque hubo seis en realidad. La sexta no suministraba ni soldados al ejército ni votantes al campo de Marte, y al no ser usada prácticamente para nada en la república, rara vez contaba para algo.

Éstas fueron las diferentes divisiones del pueblo romano. Veamos ahora el efecto que produjeron en las asambleas. Estas asambleas, convocadas legítimamente, se llamaron *comicios*; tenían lugar, ordinariamente, en la plaza de Roma o en el campo de Marte [84], y se distinguían en comicios por curias, comicios por centurias y comicios por tribus, según para cuál de estas tres fórmulas se regulasen. Los comicios por curias habían sido instituidos por Rómulo; Servio los instituyó por centurias y los tribunos del pueblo, por tribus. No se sancionaba ninguna ley ni se elegía a un magistrado

---

[84] Digo al *campo de Marte* porque era ahí donde se reunían los comicios por centurias; en las otras dos formas, el pueblo se reunía en el *forum* o en otra parte, y entonces los *capite censi* tenían tanta influencia y autoridad como los primeros ciudadanos. (ROUSSEAU.)

más que en los comicios, y como no había ningún ciudadano que no estuviera inserto en una curia, en una centuria o en una tribu, de ello se deduce que ningún ciudadano quedaba excluido del derecho al sufragio y que el pueblo romano era, de hecho y de derecho, auténticamente soberano.

Para reunir legítimamente los comicios y para que lo que en ellos se hiciera tuviese rigor de ley, se requerían tres condiciones: la primera, que el cuerpo o el magistrado que las convocaba estuviese revestido para ello de la autoridad necesaria; la segunda, que la asamblea se hiciera en uno de los días permitidos por la ley; la tercera, que los augurios fueran favorables.

La razón de la primera regla no requiere explicación. La segunda es cuestión de organización: así, no estaba permitido celebrar los comicios los días de feria y de mercado, en los que la gente del campo que venía a Roma a resolver sus asuntos no tenía tiempo para pasarse el día en la plaza pública. En cuanto a la tercera, el senado mantenía sujeto a un pueblo orgulloso e inquieto y templaba convenientemente el ardor de los tribunos sediciosos, si bien éstos hallaron más de un medio de desembarazarse de este obstáculo.

Las leyes y la elección de los jefes no eran las únicas cuestiones que se sometían al juicio de los comicios; al haber usurpado el pueblo romano las funciones más importantes del gobierno, se puede decir que la suerte de Europa se regulaba en sus asambleas. Tal variedad de cuestiones daba lugar a las diversas formas que adoptaban estas asambleas según las materias sobre las que tenía que pronunciarse el pueblo.

Basta comparar estas diversas formas para emitir un juicio sobre ellas. Al instituir las curias, Rómulo se proponía contener al Senado mediante el pueblo y al pueblo mediante el Senado, dominándolos a todos por igual. Con esta fórmula daba, pues, al pueblo toda la autoridad del número para contraponer la del poder y de las riquezas que correspondía a los patricios. Con todo, según el espíritu de la monarquía, dejó más ventajas a los patricios gracias a la influencia de sus clientes en la pluralidad de los sufragios. Esta admirable institución de los patronos y los clientes fue una obra maestra de política y de humanidad sin la que el patriciado, tan opuesto al espíritu de la república, no habría podido subsistir. Sólo Roma ha tenido el honor de dar al mundo este hermoso ejemplo, del que jamás resultó abuso y que, sin embargo, no se ha seguido nunca.

Al haber subsistido bajo los reyes hasta Servio esta misma forma de las curias, y al no considerarse legítimo el reinado del último Tarquino, las leyes dadas por los reyes acabaron distinguiéndose, por lo general, con el nombre de *leyes curiatae*.

Bajo la república, al estar limitadas las curias a las cuatro tribus urbanas que no contenían nada más que el populacho de Roma, no podían convenir ni al Senado, que estaba a la cabeza de las patricios, ni a los tribunos, que, aunque eran plebeyos, estaban a la cabeza de los ciudadanos acomodados. Cayeron, pues, en descrédito y su degradación llegó a tal extremo que se reunían sus treinta lictores para hacer lo que correspondía a los comicios por curias.

La división por centurias era tan favorable a la aristocracia que en principio no se comprende cómo no prevalecía siempre el senado en los comicios que llevaban este nombre y por los que se elegían los cónsules, los censores y los demás magistrados de la curia. Efectivamente, de las ciento noventa y tres centurias que constituían las seis clases en que estaba dividido todo el pueblo romano, al comprender la primera clase noventa y ocho y al contarse los votos por centurias, esta primera clase tenía por sí sola mayor número de votos que las otras dos juntas. Cuando todas sus centurias estaban de acuerdo, ni siquiera se seguía recogiendo votos; lo que había decidido la minoría pasaba por ser una decisión de la multitud, y puede decirse que en los comicios por centurias los asuntos se decidían más por mayoría de escudos que de votos.

Con todo, esta autoridad extrema era moderada por dos medios. Primero, al pertenecer, por lo general, los tribunos y siempre un gran número de plebeyos a la clase de los ricos, equilibraban el peso de los patricios en esta primera clase.

El segundo medio consistía en que, en vez de hacer que votaran primero las centurias en su orden, lo que habría hecho necesario empezar por la primera, se sacaba una por sorteo y sólo ésta[85] hacía la elección; tras lo cual se convocaba para otro día las centurias según su rango a fin de que repitieran la misma elección, y por regla general la confirmaban. De este modo, se quitaba al rango la autoridad del ejemplo para dársela al sorteo, según el principio de la democracia.

De esta costumbre se seguía otra ventaja más: que los ciudadanos del campo tenían tiempo, entre las dos elecciones, para informarse del mérito del candidato nombrado provisionalmente, para dar su voto con conocimiento de causa. No obstante, con el pretexto de la rapidez, acabó por abolirse este uso y terminaron haciéndose las dos elecciones el mismo día.

Los comicios por tribus eran, propiamente, el consejo del pueblo romano. No se los convocaba más que por los tribunos; en ellos se elegían los tribunos y se aprobaban sus plebiscitos. El Senado no sólo no tenía autoridad en ellos, sino ni siquiera el derecho a asistir, y al estar obligados a obedecer leyes que no habían podido votar, los senadores eran en este aspecto menos libres que los últimos de los ciudadanos.

---

[85] Esta centuria, sacada así a suerte, se llamaba *prae rogativa*, por ser la primera a la que se le pedía su voto, y de ahí vino la palabra *prerrogativa*. (ROUSSEAU.)

Esta injusticia era muy mal comprendida y bastaba para invalidar por sí sola los decretos de un cuerpo en el que no se admitía a todos sus miembros. Aunque todos los patricios hubiesen asistido a estos comicios por el derecho que tenían a ello en su calidad de ciudadanos, al convertirse en simples particulares no habrían influido apenas en una forma de sufragios que se recogían por cabeza y en el que el más insignificante proletario podía tanto como el príncipe del Senado.

Vemos, pues, que además del orden que resultaba de estas diversas distribuciones para recoger los sufragios de un pueblo tan numeroso, estas distribuciones no se reducían a formas indiferentes en sí mismas, sino que cada una tenía efectos relativos a los objetivos que la hacían preferible.

Sin entrar en más detalles, de las aclaraciones anteriores resulta que los comicios por tribus eran los más favorables al gobierno popular y los comicios por centurias a la aristocracia. Respecto a los comicios por curias, en que el populacho de Roma constituía por sí solo la mayoría, acabaron cayendo en el descrédito, absteniéndose los mismos sediciosos de usar un medio que ponía demasiado al descubierto sus proyectos. Es cierto que toda la majestad del pueblo romano sólo se encontraba en los comicios por centurias, únicos que eran completos, dado que en los comicios por curias faltaban las tribus rurales y en los comicios por tribus, el Senado y los patricios.

En cuanto a la manera de recoger los votos, era tan sencilla entre los primeros romanos como sus costumbres, si bien menos sencilla que en Esparta. Cada uno emitía su voto en voz alta y un escribano los iba apuntando; la mayoría de votos en cada tribu determinaba el sufragio del pueblo, y lo mismo respecto a las curias y las centurias. Este uso fue bueno mientras reinó la honradez entre los ciudadanos y mientras todos se avergonzaban de dar su voto públicamente a una opinión injusta o a un sujeto indigno, pero cuando el pueblo se corrompió y se compraron los votos, resultó conveniente emitirlos en secreto para contener a los compradores mediante la desconfianza y proporcionar a los sinvergüenzas el medio de no ser traidores.

Sé que Cicerón[86] censura este cambio y que le atribuye en parte la ruina de la república. Pero aunque soy consciente del peso que debe tener aquí la autoridad de Cicerón, no comparto su opinión. Pienso, por el contrario, que por no haberse llevado a cabo suficientes cambios análogos se aceleró la pérdida del Estado. Del mismo modo que el régimen que siguen las personas sanas no es apropiado para los enfermos, no se debe intentar gobernar un pueblo corrompido con las mismas leyes que convienen a un buen pueblo. Nada prueba mejor esta máxima que la duración de la República de Venecia, cuyo simulacro sigue existiendo porque sus leyes convienen a hombres malvados.

Se distribuyeron, pues, a los ciudadanos unas tablillas por las que cada cual podía votar sin que se supiera cuál era su opinión. Se establecieron también nuevas formalidades para la recogida de las tablillas, el recuento de los votos, la comparación de los números, etcétera; lo que no impidió que la fidelidad de los oficiales encargados de estas funciones[87] fuera con frecuencia sospechosa. Por último, por impedir la intriga y el tráfico de sufragios, se promulgaron edictos cuya abundancia es prueba de su inutilidad.

Hacia los últimos tiempos se vieron obligados con frecuencia a recurrir a expedientes extraordinarios para suplir la insuficiencia de las leyes; unas veces inventaban prodigios, pero este recurso, que podía infundir respeto al pueblo, no lo infundía a quienes lo gobernaban; otras, se con-

---

[86] Cicerón, *De legibus*, III, 15.
[87] *Custodes, distributores, rogatores suffragium.* (ROUSSEAU.) «Guardianes», «escrutadores» y «encargados de recoger los votos».

vocaba de pronto una asamblea antes de que los candidatos hubieran tenido tiempo de preparar sus intrigas; otras, se empleaba toda la sesión en hablar cuando se veía al pueblo ya ganado y dispuesto a adoptar un mal partido. Pero, en último término, la ambición lo superó todo, y lo más increíble es que entre tantos abusos este pueblo inmenso, gracias a sus antiguas ordenanzas, no dejaba de elegir magistrados, de aprobar leyes, de juzgar causas, de despachar asuntos particulares y públicos, casi con tanta facilidad como lo hubiera podido hacer el propio Senado.

CAPÍTULO V

El tribunado

Cuando no se puede establecer una proporción exacta entre las partes constitutivas del Estado o cuando causas indestructibles alteran sin cesar las relaciones, entonces se instituye una magistratura particular que no forma cuerpo con las demás, que vuelve a situar cada término en su verdadera relación y que constituye un enlace o término medio, bien entre el príncipe y el pueblo, bien entre el príncipe y el soberano, bien ambas cosas a la vez si es necesario.

Este cuerpo al que llamaría *tribunado*, es el conservador de las leyes y del poder legislativo. Sirve a veces para proteger al soberano frente al gobierno, como hacían en Roma los tribunos del pueblo; en ocasiones para sostener al gobierno frente al pueblo, como hace ahora en Venecia el Consejo de los Diez, y en ocasiones, para mantener un equilibrio de las partes, como hacían los éforos en Esparta.

El tribunado no es una parte constitutiva de la ciudad y no debe tener parte alguna en el poder legislativo ni en el ejecutivo, pero ahí radica precisamente que su poder sea mayor; porque, aunque no puede hacer nada, puede impedirlo todo. Es más sagrado y más venerado como defensor de las leyes que el príncipe que las ejecuta y que el soberano que las dicta. Esto se vio claramente en Roma, cuando se obligó a los soberbios patricios, que siempre despreciaron a todo el pueblo, a inclinarse ante un simple oficial del pueblo que no tenía ni auspicios ni jurisdicción.

El tribunado, prudentemente moderado, es el apoyo más firme de una buena constitución; pero, por poca fortuna que tenga de más, lo echa todo abajo; la debilidad no está en su naturaleza, y con tal que sea algo, nunca es menos de lo que debe ser.

Degenera en tiranía cuando usurpa el poder ejecutivo, del que no es sino el moderador, y cuando quiere asegurar la ejecución de las leyes que sólo debe proteger. El enorme poder de los éforos, que no constituyó peligro alguno mientras Esparta conservó sus costumbres, aceleró la corrupción una vez iniciada. La sangre de Agis, degollado por estos tiranos, fue vengada por su sucesor; el crimen y el castigo de los éforos apresuraron igualmente la pérdida de la república, y después de Cleomenes ya no fue nada Esparta. Roma pereció también siguiendo el mismo camino, y el poder excesivo de los tribunos, gradualmente usurpado, sirvió en último término, con la ayuda de leyes hechas para la libertad, como salvaguarda a los emperadores que la destruyeron. En cuanto al Consejo de los Diez de Venecia, es un tribunal de sangre, tan horrible para los patricios como para el pueblo, que en lugar de proteger abiertamente las leyes ya no sirven, tras su envilecimiento, más que para dar en las tinieblas golpes de los que nadie se atreve a darse por enterado.

Al igual que el gobierno, el tribunado se debilitó al multiplicarse sus miembros. Cuando los tribunos del pueblo romano, primero en número de dos, luego de cinco, quisieron doblar este número, el Senado se lo permitió, totalmente seguro de contener a los unos con los otros, lo que no dejó de suceder.

El medio mejor de prevenir las usurpaciones de un cuerpo tan terrible, medio de que ningún gobierno se ha dado cuenta hasta ahora, sería no hacer permanente este cuerpo, sino regular los intervalos en los que quedaría suprimido. Estos intervalos, que no deben ser lo bastante grandes para dejar tiempo a que se consoliden los abusos, pueden fijarse por la ley, de manera que resulte fácil reducirlos, en caso necesario, mediante comisiones extraordinarias.

Me parece que este medio no ofrece inconvenientes, pues, como he dicho, al no formar el tribunado parte de la constitución, puede suprimirse sin que ésta sufra, y me parece eficaz, porque una magistratura recién establecida no parte del poder que tenía su predecesora, sino del que le da la ley.

CAPÍTULO VI

La dictadura

La inflexibilidad de las leyes, que les impide plegarse a los acontecimientos, puede, en ciertos casos, hacerlas perjudiciales y causar por ellas mismas la pérdida del Estado en su crisis. El orden y la lentitud de las formas exigen un espacio de tiempo que a veces las circunstancias no permiten. Se pueden dar mil casos no previstos por el legislador y constituye una previsión muy necesaria comprender que no se puede prever todo.

No hay, pues, que pretender afirmar las instituciones políticas hasta el punto de privarnos del poder de suspender su efecto. La propia Esparta dejó morir sus leyes.

Pero sólo los mayores peligros pueden contrapesar el de alterar el orden público, y nunca se debe detener el poder sagrado de las leyes sino cuando se trata de la salvación de la patria. En estos casos raros y manifiestos se atiende a la seguridad pública mediante un acto particular que confía su carga en manos del más digno. Esta comisión se puede dar de dos maneras, según la índole del peligro.

Si para remediarlo basta con aumentar la actividad del gobierno, hay que concentrarla en uno o dos de sus miembros: así, lo que se altera no es la autoridad de las leyes, sino la forma de su administración. Y si el peligro es tal que el aparato de las leyes es un obstáculo para prevenirlo, entonces se nombra un jefe que haga callar todas las leyes y suspenda por un momento la autoridad soberana; en tal caso, la voluntad general no es dudosa, y es evidente que la primera intención del pueblo es que no perezca el Estado. Así, la suspensión de la autoridad legislativa no la suprime; el magistrado que la hace callar no puede hacerla hablar: la doctrina sin poder representarla; puede hacerlo todo, excepto leyes.

El primer medio era empleado por el Senado romano cuando encargaba a los cónsules, por una fórmula consagrada, que atendieran a la salvación de la república; el segundo tenía lugar cuando uno de los dos cónsules nombraba un dictador[88], uso del que Alba había dado ejemplo a Roma.

En los comienzos de la república se recurrió muy a menudo a la dictadura porque el Estado no tenía todavía una

---

[88] Este nombramiento se hacía de noche y en secreto, como si hubiese dado vergüenza poner a un hombre por encima de las leyes. (ROUSSEAU.)

base lo bastante fija para poder sostenerse con la fuerza de su constitución.

Al hacer entonces las costumbres superfluas muchas precauciones que hubieran sido necesarias en otro tiempo, no se temía ni que un dictador abusase de su autoridad ni que intentase conservarlas pasado el plazo. Parecía, por el contrario, que un poder tan grande fuera una carga para quien se hallaba revestido de él, a juzgar por la prisa con que trataba de deshacerse de ella, como si fuese demasiado penoso y demasiado peligroso ocupar el puesto de las leyes.

No es, por ello, el peligro del abuso, sino el del envilecimiento, lo que me hace censurar el uso indiscreto de esta suprema magistratura en los primeros tiempos; porque mientras se la prodigaba en elecciones, en dedicatorias, en cosas de puro formulismo, era de temer que se hiciese menos temible en caso necesario y que se habituaran a ver como un título inútil el que sólo se empleaba en ceremonias inútiles.

A finales de la república, los romanos, que se habían vuelto más circunspectos, limitaron el uso de la dictadura con la misma falta de razón con que antes la habían prodigado. Fácilmente se podía ver que su temor era infundado, que la debilidad de la capital constituía entonces su seguridad contra los magistrados que tenía en su seno, que un dictador podía en determinados casos defender la libertad pública sin poder atentar nunca contra ella y que las cadenas de Roma no se forjarían en la propia Roma, sino en sus ejércitos. La escasa resistencia que ofrecieron Mario a Sila y Pompeyo a César mostró sobradamente lo que cabía esperar de la autoridad del interior contra la fuerza del exterior.

Este error les hizo cometer grandes faltas; por ejemplo, la de no haber nombrado un dictador en el asunto de Catilina, pues como se trataba de una cuestión del interior de la ciudad y, a lo sumo, de alguna provincia de Italia, dada la autoridad ilimitada que las leyes concedían al dictador, hubiera disipado fácilmente la conjura, que sólo fue ahogada por el concurso de felices casualidades que nunca debe esperar la prudencia humana.

En lugar de esto, el Senado se contentó con entregar todo su poder a los cónsules; por lo que ocurrió que Cicerón, para obrar eficazmente, se vio obligado a rebasar ese poder en un punto capital y que, aunque los primeros transportes de alegría hicieron aprobar su conducta, luego se le pidió con justicia cuentas de la sangre de los ciudadanos que se derramó contra las leyes; reproche que no se hubiese podido hacer a un dictador. Pero la elocuencia del cónsul lo superó todo, y él mismo, aun siendo romano, al preferir su gloria a su patria, no buscaba tanto el medio más legítimo y más seguro de salvar el Estado cuanto el de llevarse todo el honor de aquel asunto[89]. Por eso fue honrado justamente como liberador de Roma y justamente castigado como transgresor de las leyes. Aunque su llamamiento fuera brillante, es cierto que fue un acto de gracia[90].

Por otra parte, cualquiera que sea la forma en que se confiera esta importante comisión, es preciso limitar su duración a un plazo muy breve que nunca se puede prolongar. En las crisis que hacen que se establezca, el Estado o se destruye o se salva en seguida, y pasada la necesidad acuciante, la dictadura se vuelve o tiránica o inútil. En Roma, la mayoría de las dictaduras, que no lo eran más que por seis meses, abdicaron antes de ese plazo. Si el plazo hubiese sido más largo, quizá habrían tenido la tentación de prolongarlo como hicieron los

---

[89] De esto es de lo que no podía estar seguro al proponer un dictador, al no atreverse a nombrarse a sí mismo y al no poder asegurar que su colega le nombraría. (ROUSSEAU.)

[90] Rousseau se refiere al llamamiento que se hizo a Cicerón para que volviese de su exilio. Había sido condenado al exilio por haber ejecutado sin juicio a los cómplices de Catilina. Por eso dice Rousseau que hacerle volver fue un acto de perdón.

decenviros al de un año. El dictador no disponía de más tiempo que el de atender a la necesidad que había hecho que se eligiera; no tenía tiempo para pensar en otros proyectos.

Capítulo VII

La censura

Del mismo modo que la declaración de la voluntad general se hace por la ley, la del juicio público se hace por censura. La opinión pública es una especie de ley, cuyo censor es el ministro, que no hace más que aplicarla a los casos particulares, a ejemplo del príncipe.

Así, pues, lejos de ser el tribunal censorial el árbitro de la opinión del pueblo, no es más que su declarador, y en cuanto se aparta de ella, sus decisiones son inútiles y sin efecto.

Es inútil distinguir las costumbres de una nación de los objetos de su estimación: porque todo esto afecta al mismo principio y se confunde necesariamente con él. En todos los pueblos del mundo no es la naturaleza sino la opinión la que decide la elección de sus placeres. Corregid las opiniones de los hombres y sus costumbres se depurarán por sí mismas. Amamos siempre lo que es bello o lo que creemos tal, pero en este juicio nos equivocamos; es este juicio, pues, lo que se trata de corregir. Quien juzga de las costumbres juzga del honor, y quien juzga del honor toma su ley de la opinión.

Las opiniones de un pueblo nacen de su constitución; aunque la ley no regula las costumbres, la legislación las hace nacer; cuando la legislación se debilita, las costumbres degeneran, pero entonces el juicio de los censores no hará lo que no haya hecho la fuerza de las leyes.

De ello se deduce que la censura puede ser útil para conservar las costumbres, nunca para restablecerlas. Estableced censores mientras las leyes están en vigor; tan pronto como lo hayan perdido, todo es inútil; nada legítimo tiene ya fuerza cuando las leyes ya no la tienen.

La censura mantiene las costumbres impidiendo que se corrompan las opiniones, conservando su rectitud mediante sabias aplicaciones, incluso fijándolas a veces cuando aún son inciertas. El uso de sustitutos en los duelos, que hacía furor en el reino de Francia, fue abolido únicamente con estas palabras de un edicto del rey: «En cuanto a quienes tienen la cobardía de nombrar sustitutos.» Este juicio, anticipándose al del público, lo resolvió de un plumazo de un modo definitivo. Pero cuando los mismos edictos quisieron sentenciar que también era una cobardía batirse en duelo, cosa muy cierta pero contraria a la opinión común, el público se burló de esta decisión, sobre la que ya tenía un juicio formado.

He dicho en otra parte[91] que, al no estar sometida la opinión pública a la coacción, no debía haber vestigio alguno de ésta en el tribunal establecido para representarla. Nunca admiraremos demasiado el arte con que ponían en práctica los romanos —y aun mejor los lacedemonios— este resorte, completamente perdido entre los modernos.

Al haber propuesto un hombre de malas costumbres una buena idea al consejo de Esparta, los éforos no la tuvieron en cuenta e hicieron proponer la misma idea a un ciudadano virtuoso. ¡Qué honor para el segundo y qué vergüenza para el primero, sin que se haya elogiado ni censurado a ninguno de los dos! Ciertos borrachos de Samos[92] mancillaron el tribunal de los éforos; al día siguiente, mediante un edicto público, se per-

---

[91] En este capítulo no hago más que indicar lo que traté más extensamente en la *Carta a D'Alembert*. (ROUSSEAU.)

[92] Rousseau anotó en su ejemplar: «Eran de Quíos, y no de Samos; pero visto de qué se trata, no me atreví a emplear esta palabra en el texto. Creo, sin embargo, ser tan atrevido como cualquiera; pero a nadie le está permitido ser sucio y grosero en ningún caso. Los franceses han puesto tanto decoro en su lengua que ya no se puede decir la verdad.» El temor de Rousseau se debe a

mitió a los de Samos ser villanos. Hubiera sido menos severo un auténtico castigo que semejante impunidad. Cuando Esparta se pronunció sobre lo que es o no es honrado, Grecia no apeló sus juicios.

Capítulo VIII

La religión civil

Los hombres no tuvieron al principio más reyes que los dioses ni más gobierno que el teocrático. Se hicieron el razonamiento de Calígula[93] y razonaron bien. Se precisa que los sentimientos y las ideas se modifiquen durante largo tiempo para que podamos decidirnos a tomar a un semejante por dueño y a vanagloriarnos de que así nos encontramos a gusto.

Dado que se ponía a Dios a la cabeza de esta sociedad política, hubo tantos dioses como pueblos. Dos pueblos extraños entre sí, y casi siempre enemigos, no pudieron reconocer durante mucho tiempo un mismo señor; dos ejércitos que se combaten no pueden obedecer al mismo jefe. Así, de las divisiones nacionales resultó el politeísmo, y de ahí la intolerancia teológica y civil, que naturalmente es la misma, como se dirá en seguida.

La fantasía que tuvieron los griegos para reconocer a sus propios dioses entre los pueblos bárbaros provino de que se consideraban también soberanos naturales de estos pueblos.

---

que *Chio* (Quíos, en francés) se parece a *chier* («cagar»), lo que hubiera dado lugar a juegos de palabras que hubiesen restado seriedad al asunto. La anécdota la toma *Rousseau* de Plutarco, *Dichos notables de los lacedemonios*, párrafo 69.

[93] Se refiere al razonamiento de Calígula referido por Filón, que Rousseau ha explicado en el Libro I, cap. 2. Véase nota 5.

Pero en nuestros días hay una erudición muy rídicula en torno a la identidad de los dioses de diversas naciones: como si Moloch, Saturno y Cronos pudieran ser el mismo dios; como si el Baal de los fenicios, el Zeus de los griegos y el Júpiter de los latinos pudiesen ser el mismo; como si pudiesen tener algo en común seres quiméricos que llevan diferentes nombres.

Si se me pregunta cómo no había guerras de religión en el paganismo, donde cada Estado tenía su culto y sus dioses, responderé que precisamente porque cada Estado tenía su culto y su gobierno propios y no distinguía entre sus dioses y sus leyes. La guerra política era también guerra teológica; las jurisdicciones de los dioses quedaban fijadas, por así decirlo, por los límites de las naciones. El dios de un pueblo no tenía ningún derecho sobre los demás pueblos. Los dioses de los paganos no eran dioses celosos: se repartían entre sí el imperio del mundo; el propio Moisés y el pueblo hebreo expresaban a veces esta idea al hablar del Dios de Israel. Consideraban, ciertamente, como nulos los dioses de los cananeos, pueblos proscritos, destinados a la destrucción y cuyo puesto debían ocupar; pero ved cómo hablaban de las divinidades de los pueblos vecinos a los que les estaba prohibido atacar: «¿No se os debe legítimamente la posesión de lo que pertenece a Camos, vuestro dios?, decía Jefté a los amonitas. Por el mismo título poseemos nosotros las tierras que han conquistado nuestro Dios vencedor»[94]. Me parece que hay aquí una paridad plenamente reconocida entre los derechos de Camos y los del Dios de Israel.

---

[94] *Nonne ea quae possidet Chamos deus tuus, tibi iure debentur?* Éste es el texto de la Vulgata. El P. Carrières ha traducido: «¿No creéis tener derecho a poseer lo que pertenece a Camos, vuestro dios?» Ignoro la fuerza del texto hebreo, pero veo que en la Vulgata Jefté reconoce positivamente el derecho del dios Camos y que el traductor francés debilita este reconocimiento con un *según vosotros* que no está en el latín. (ROUSSEAU.)

Pero cuando los judíos, sometidos a las leyes de Babilonia y más tarde a los reyes de Siria, trataron con obstinación de no reconocer a ningún dios más que al suyo, esta negativa, considerada como una rebelión contra el vencedor, les acarreó las persecuciones que leemos en su historia y de las que no se ve ningún otro ejemplo antes del cristianismo[95].

Al estar, pues, cada religión vinculada sólo a las leyes del Estado que la prescribían, el único modo de convertir a un pueblo era esclavizarlo; no existían más misioneros que los conquistadores, y al estar obligados por ley los vencidos a cambiar de culto, había que empezar venciéndolos antes de hablar de ello. Lejos de combatir los hombres por los dioses, eran los dioses, como en Homero, los que combatían por los hombres; cada cual pedía al suyo la victoria y la pagaba con nuevos altares. Antes de tomar los romanos una plaza, conminaban a sus dioses a abandonarla, y dejaron a los Tarentinos sus dioses irritados porque consideraban que esos dioses estaban sometidos a los suyos y obligados a rendirles homenaje. Dejaban sus dioses a los vencidos como les dejaban sus leyes. A menudo, el único tributo que les imponían era una corona al Júpiter del Capitolio.

Finalmente, al haber extendido los romanos con su imperio, su culto y sus dioses, y al haber adoptado a menudo los de los vencidos, concediendo a unos y a otros el derecho de ciudadanía, los pueblos de este vasto imperio se encontraron sin darse cuenta con que tenían multitud de dioses y de cultos, casi los mismos por todas partes, por lo que se acabó conociendo el paganismo en el mundo como una sola y misma religión.

En estas circunstancias vino Jesús a establecer en la tierra su reino espiritual, que, al separar el sistema teológico del

---

[95] Es totalmente evidente que la guerra de los focenses, llamada guerra sagrada, no era una guerra de religión. Tenía por objeto castigar sacrílegos, no someter incrédulos. (ROUSSEAU.)

político, hizo que el Estado dejase de ser uno y produjo las divisiones intestinas que nunca han dejado de agitar a los pueblos cristianos. Ahora bien, al no haber entendido los paganos nunca esta idea nueva de un reino de otro mundo, consideraron siempre a los cristianos verdaderos rebeldes que, bajo una sumisión hipócrita, buscaban el momento de hacerse independientes y dueños y de usurpar hábilmente la autoridad que fingían respetar en su debilidad. Ésta fue la causa de las persecuciones[96].

Sucedió lo que los paganos temían. Entonces todo cambió de aspecto: los humildes cristianos cambiaron de lenguaje y pronto se vio que aquel pretendido reino de otro mundo se convertía en éste, bajo su jefe visible, en el más violento despotismo.

No obstante, como siempre hubo un príncipe y unas leyes civiles, de este doble poder resultó un constante conflicto de jurisdicción que ha hecho imposible en los estados cristianos toda buena organización política, y nunca se ha podido llegar a saber a quién de los dos, al señor o al sacerdote, se estaba obligado a obedecer.

Varios pueblos, sin embargo, en Europa o en su vecindad, trataron de conservar o de restablecer el antiguo sistema, pero sin éxito; el espíritu del cristianismo lo había ganado todo. El culto sagrado ha permanecido siempre o ha vuelto a independizarse del soberano y a no estar vinculado necesariamente con el cuerpo del Estado. Mahoma tuvo aspiraciones muy sanas: ató bien su sistema político y mientras subsistió su forma de gobierno, este gobierno fue exactamente uno y, en este sentido, bueno. No obstante, cuando los árabes se hicieron florecientes, letrados, refinados, muelles y cobardes, fueron sometidos por los bárbaros; entonces volvió a empezar la

---

[96] En un manuscrito, Rousseau había indicado: «Para el último capítulo de *El Contrato Social*: y todos obran contra los decretos del César, diciendo que hay otro rey al que llaman Jesús» (*Hechos de los Apóstoles*, XVII, 7).

división entre los dos poderes. Aunque esta dualidad sea menos sensible entre los mahometanos que entre los cristianos, sin embargo existe, sobre todo en la secta de Alí, y en Estados como Persia se deja sentir constantemente.

Entre nosotros, los reyes de Inglaterra se han constituido en jefes de las Iglesias y otro tanto han hecho los zares, pero con este título no se han hecho tanto amos como ministros; no han adquirido tanto el derecho a cambiarla como el poder de mantenerla. No son en ella legisladores sino príncipes. En todas partes donde el clero constituye un cuerpo[97], es señor y legislador en su patria. Hay, por tanto, dos poderes, dos soberanos, en Inglaterra y en Rusia, igual que en todas partes.

El filósofo Hobbes es el único, entre todos los autores cristianos, que ha sabido ver el mal y el remedio, que se ha atrevido a proponer la reunión de las dos cabezas del águila y que se reduzca todo a la unidad política, sin la que nunca estarán bien constituidos ni el Estado ni el gobierno. Pero ha debido ver que el espíritu dominador del cristianismo era incompatible con su sistema y que el interés del sacerdote sería siempre más fuerte que el del Estado. Lo que ha hecho odiosa su política no es tanto lo que hay de horrible y de falso en ella cuanto lo que encierra de justo y cierto[98].

---

[97] Hay que hacer hincapié en que no son tanto las asambleas generales, como las de Francia, las que ligan al clero en un cuerpo, cuanto la comunión de las Iglesias. La comunión y la excomunión son el pacto social del clérigo, pacto con el que siempre será dueño de pueblos y de reyes. Todos los sacerdotes que comulgan juntos son conciudadanos, aunque estén en los dos extremos del mundo. Esta invención es una obra maestra de política. No había nada semejante entre los sacerdotes paganos; por eso no formaron nunca un cuerpo clerical. (ROUSSEAU.)

[98] Véase, entre otros sitios, en una carta de Grocio a su hermano, del 17 de abril de 1643, lo que este sabio aprueba y lo que censura en el libro *De Cive*. Es cierto que, llevado por la indulgencia, parece perdonar al autor el bien en favor del mal; pero no todo el mundo es tan clemente. (ROUSSEAU.)

Creo que desarrollando desde este punto de vista los hechos históricos, se refutarían fácilmente las opiniones opuestas de Bayle[99] y de Warburton, uno de los cuales pretende que ninguna religión es útil al cuerpo político, mientras que el otro, por el contrario, sostiene que el cristianismo es su apoyo más firme. Respecto al primero, se podría probar que nunca se fundó un Estado sin que le sirviera de base la religión, y frente al segundo, cabría decir que la ley cristiana es, en el fondo, más perjudicial que útil para la constitución fuerte del Estado. Para acabar de hacerme entender, basta con dar un poco más de precisión a las ideas demasiado vagas de religión relativas a mi tema.

La religión, considerada en relación con la sociedad, que es general o particular, puede dividirse también en dos clases: la religión del hombre y la del ciudadano. La primera, sin templos, sin altares, sin ritos, limitada al culto puramente interior del Dios supremo y a los deberes eternos de la moral, es la pura y simple religión del Evangelio, el verdadero teísmo y lo que podríamos llamar el derecho divino natural. La otra, inscrita en un solo país, la de sus dioses, sus patronos propios y tutelares, tiene sus dogmas, sus ritos, su culto exterior prescrito por las leyes. A excepción de la nación que sigue esa religión, todo es para ella infiel, extranjero, bárbaro; no extiende los deberes y los derechos del hombre más allá de los altares. Así fueron las religiones de los primeros pueblos, a las que podemos dar el nombre de derecho divino civil o positivo.

Hay una tercera clase de religión, más rara, que, al dar a los hombres dos legislaciones, dos jefes, dos patrias, los somete a deberes contradictorios y les impide poder ser a la vez devotos y ciudadanos. Así es la religión de los lamas, de los japoneses y del cristianismo romano. Podemos llamarla religión del

---

[99] En los *Pensamientos sobre el cometa* (1680).

sacerdote; de ella resulta una especie de derecho mixto e insociable que no tiene ningún nombre.

Si consideramos políticamente estas tres clases de religión, vemos que todas tienen sus defectos. La tercera es tan evidentemente mala que no vale la pena detenerse a demostrarlo. Todo lo que rompe la unidad social no tiene valor alguno: tampoco lo tienen todas las instituciones que ponen al hombre en contradicción consigo mismo.

La segunda es buena en cuanto que reúne el culto divino y el amor de las leyes, y, al hacer a la patria objeto de la adoración de los ciudadanos, les enseña que servir al Estado es servir al dios tutelar. Es una especie de teocracia, en la que no debe haber más pontífice que el príncipe, ni más sacerdotes que los magistrados. Entonces, morir por la patria es ir al martirio; violar las leyes es ser impío, y someter a un culpable a la execración pública es consagrarlo a la ira de los dioses: *Sacer esto*[100].

Pero es mala porque, al estar fundada en el error y la mentira, engaña a los hombres, los hace crédulos, supersticiosos y ahoga el verdadero culto de la divinidad en una ceremonia inútil. Es mala, además, porque al ser exclusiva y tiránica hace a un pueblo sanguinario e intolerante; de modo que no respira más que muerte y matanza, y cree hacer una acción santa matando a todo el que no admite sus dioses. Esto coloca a semejante pueblo en un estado natural de guerra con todos los demás, muy nocivo para su propia seguridad.

Queda, pues, la religión del hombre, o el cristianismo, no el de hoy, sino el del evangelio, que es completamente diferente. Por esta religión santa, sublime, verdadera, los hombres, hijos del mismo Dios, se reconocen todos como hermanos y la sociedad que los une no se disuelve ni siquiera con la muerte.

Pero al no tener esta religión ninguna relación con el cuerpo deja que las leyes saquen la fuerza de sí mismas, sin añadirle

---

[100] «Sea maldito».

ninguna otra, y de ahí que quede sin efecto uno de los grandes lazos de la sociedad particular. Más aún: lejos de unir los corazones de los ciudadanos al Estado, los separa de él como de todas las cosas de la tierra. No conozco nada más contrario al espíritu social.

Se nos dice que un pueblo de verdaderos cristianos formaría la más perfecta sociedad que podemos imaginar. No veo en esta suposición más que una dificultad: que una sociedad de verdaderos cristianos no sería una sociedad de hombres.

Digo más: que esta supuesta sociedad no sería, con toda esta perfección, ni la más fuerte ni la más duradera; a fuerza de ser perfecta, carecería de unión; su vicio destructor consistiría en su propia perfección.

Cada uno cumpliría con su deber: el pueblo estaría sometido a las leyes; los jefes serían justos y moderados; los magistrados, íntegros e incorruptibles; los soldados despreciarían la muerte; no habría vanidad ni lujo. Todo eso está muy bien, pero veamos más lejos.

El cristianismo es una religión completamente espiritual, que se ocupa sólo de las cosas del cielo; la patria del cristiano no es de este mundo. Cumple con su deber, es cierto, pero lo cumple con una total indiferencia respecto al resultado bueno o malo de sus desvelos. Con tal que no tenga nada que reprocharse, le tiene sin cuidado que todo vaya bien o mal aquí abajo. Si el Estado es floreciente, apenas si se atreve a gozar de la felicidad pública cuando ya teme enorgullecerse de la gloria de su país; si el Estado languidece, bendice la mano de Dios que se deja sentir sobre su pueblo.

Para que la sociedad fuera pacífica y se mantuviese la armonía sería preciso que todos los ciudadanos, sin excepción, fuesen igualmente buenos cristianos, pero si, por desgracia, apareciera un solo ambicioso, un solo hipócrita, un Catilina o, por ejemplo, un Cromwell, seguramente daría buena cuenta de sus piadosos compatriotas. La caridad cristiana no permite fácilmente pensar mal del prójimo. Desde el momento en que se haya encontrado, mediante alguna treta, con el arte de imponerse a ellos y de apoderarse de una parte de la autoridad pública, tendremos al hombre constituido en dignidad; Dios quiere que se le respete: inmediatamente se convierte, pues, en un poder; Dios quiere que se le obedezca. ¿Que el depositario de ese poder abusa de él? Es la vara con que Dios castiga a sus hijos. Habría escrúpulos para expulsar al usurpador; habría que perturbar la tranquilidad pública, usar la violencia, derramar sangre; todo esto encaja mal con la dulzura del cristianismo, y después de todo, ¿qué importa que seamos libres o siervos en este valle de miserias? Lo esencial es ir al paraíso y la resignación es un medio más para ello.

¿Que sobreviene una guerra con el extranjero? Los ciudadanos marchan sin esfuerzo al combate; ninguno de ellos piensa en huir; cumplen con su deber, pero sin pasión por la victoria; saben mejor morir que vencer. ¿Qué les importa vencer o ser vencidos? ¿No sabe la providencia mejor que ellos lo que necesitan? Imaginemos el partido que puede sacar de su estoicismo un enemigo intrépido, impetuoso, apasionado. Ponedlos frente a uno de esos pueblos generosos a los que devoraba un ardiente amor a la gloria y a la patria; imaginaos vuestra república cristiana frente a Esparta o a Roma; los piadosos cristianos serán derrotados, aplastados, destruidos, antes de haber tenido tiempo de hacerse cargo de la situación, o no deberán su salvación más que al desprecio que sienta su enemigo por ellos. Para mi gusto fue un hermoso juramento el que prestaron los soldados de Fabio: no juraron vencer o morir, juraron volver vencedores y respetaron su juramento. Nunca habrían hecho los cristianos algo parecido: habrían creído provocar a Dios.

Pero me equivoco al hablar de una república cristiana; cada una de estas palabras excluye a la otra. El cristianismo no predica más que servidumbre y dependencia. Su espíritu es demasiado favorable a la tiranía para que ésta no lo aproveche siempre. Los verdaderos cristianos están hechos para ser esclavos; lo saben y apenas si les importa; esta corta vida tiene poco valor a sus ojos.

Se nos dice que las tropas cristianas son excelentes. Lo niego. Que me enseñen alguna. Por lo que a mí respecta, no conozco tropas cristianas. Se me citarán las cruzadas. Sin discutir el valor de los cruzados, haré notar que, muy lejos de ser cristianos, eran soldados del sacerdote, eran ciudadanos de la Iglesia; se batían por su país espiritual, que ella había convertido en temporal no se sabe cómo. Bien mirado, esto es paganismo. Como el evangelio no establece en ningún sitio una religión nacional, toda guerra sagrada es imposible entre los cristianos.

Bajo los emperadores paganos, los soldados cristianos eran valientes; todos los autores cristianos lo afirman y yo lo creo; era una emulación de honor frente a las tropas paganas. Desde que los emperadores fueron cristianos desapareció esta emulación, y cuando la cruz hubo desterrado al águila, desapareció todo el valor romano.

Pero dejando aparte las consideraciones políticas, volvamos al derecho y fijemos los principios respecto a este importante punto. El derecho que el pacto social da al soberano sobre los súbditos no supera, como he dicho [101], los límites de la utilidad pública [102]. Los súbditos no deben, pues, dar cuentas al soberano de sus opiniones, salvo que estas opiniones importen a la comunidad. Ahora bien, importa mucho al Estado que todo

---

[101] En el Libro II, cap. IV.

[102] «En la república —dice el marqués de Argenson— cada cual es perfectamente libre en lo que no perjudique a los demás». Éste es el límite invariable; no se puede plantear con mayor exactitud. No he podido resistirme al placer de citar a veces este manuscrito, aunque no sea conocido por el público, para honrar la memoria de un hombre ilustre y respetable que hasta en el ministerio conservó el corazón de un verdadero ciudadano y de miras rectas y sanas sobre el gobierno de su país. (ROUSSEAU.)

ciudadano tenga una religión que le haga amar sus deberes; pero los dogmas de esta religión no interesan ni al Estado ni a sus miembros sino en tanto que esos dogmas se refieren a la moral y a los deberes que quien la profesa está obligado a cumplir con otro. Todos pueden tener, además, las opiniones que les parezca, sin que corresponda al soberano conocerlas: pues como no tiene competencia alguna en el otro mundo, no es asunto suyo la suerte de sus súbditos en la vida futura, siempre que sean buenos ciudadanos aquí abajo.

Hay, pues, una profesión de fe puramente civil cuyos artículos corresponde fijar al soberano, no como dogmas de religión, sino como sentimientos de sociabilidad, sin los que es imposible ser buen ciudadano ni súbdito fiel [103]. Aunque no puede obligar a nadie a creer en ellos, sí puede desterrar del Estado a quien no los crea; puede desterrarlo no por impío, sino por insociable, por ser incapaz de amar sinceramente las leyes, y la justicia, y de inmolar, en caso de necesidad, su vida a su deber. Si alguien, tras haber reconocido públicamente estos mismos dogmas, se comporta como si no los creyese, que se lo condene a muerte; ha cometido el mayor de los crímenes: ha mentido ante las leyes.

Los dogmas de la religión civil deben ser simples, pocos, enunciados con precisión, sin explicaciones ni comentarios. Los dogmas positivos son: la existencia de la divinidad poderosa, inteligente, bienhechora, previsora y providente; la vida futura, la felicidad de los justos, el castigo de los malos, la santidad del contrato social y de las leyes. En

---

[103] César, defendiendo a Catilina, trataba de establecer el dogma de la mortalidad del alma; Catón y Cicerón, para refutarla, no se entretuvieron en filosofar: se contentaron con manifestar que César hablaba como un mal ciudadano al exponer una doctrina perniciosa para el Estado. Esto es, efectivamente, lo que debía juzgar el Senado de Roma y no una cuestión de teología. (ROUSSEAU.)

cuanto a los dogmas negativos, los reduzco a uno solo: la intolerancia; entra en los cultos que hemos excluido.

Creo que se equivocan quienes distinguen la intolerancia civil de la teológica. Ambas intolerancias son inseparables. No se puede vivir en paz con personas de quienes se cree que están condenadas; amarlas sería odiar a Dios, que las castiga; es absolutamente necesario convertirlas o atormentarlas. En todas partes donde se admita la intolerancia teológica es imposible que no tenga algún efecto civil [104], y en cuanto lo tiene, el soberano ya no es soberano, ni siquiera en lo temporal; desde ese momento, los sacerdotes son los auténticos amos; los reyes no son más que sus oficiales.

Ahora que ya no existe ni puede existir una religión nacional exclusiva, debemos tolerar todas aquellas que toleren a las demás, siempre que sus dogmas no digan nada en contra de los deberes del ciudadano. Pero quien se atreva a decir que «fuera de la Iglesia no hay salvación», debe ser echado del Estado, a menos que el Estado sea la Iglesia y que el príncipe sea el pontífice. Este dogma no conviene más

---

[104] El matrimonio, por ejemplo, al ser un contrato civil, tiene efectos civiles, sin los cuales es imposible incluso que subsista la sociedad. Supongamos que un clero acaba atribuyéndose el derecho exclusivo de aprobar este acto; derecho que debe necesariamente usurpar en toda religión intolerante. ¿No resulta entonces evidente que al hacer valer para ello la autoridad de la Iglesia hará inútil la del príncipe, que no tendrá ya más súbditos que los que le quiera dar el clero? Dueño de casar o de no casar a las personas, según tengan o no tal o cual doctrina, según admitan o rechacen tal o cual formulario, según que le sean más o menos sumisos, conduciéndose con prudencia y manteniéndose firme, ¿no es evidente que dispondrá él solo de las herencias, de los cargos, de los ciudadanos, del Estado mismo, que no podrá seguir subsistiendo al no estar ya compuesto más que por bastardos? Pero —dirá alguien— se puede estimar que esto es un abuso, citarle, decretarle y embargarle los bienes temporales. ¡Qué inocencia! El clero, por poco que tenga, no digo de valor, sino de sensatez, dejará hacer y seguirá su camino; dejará tranquilamente que apelen, citen, decreten, embarguen y acabará siendo el dueño. Creo que no es un sacrificio muy grande abandonar una parte cuando se tiene seguridad de que va uno a apoderarse de todo. (ROUSSEAU.)

que a un gobierno teocrático; en cualquier otro, es pernicioso. La razón por la que se dice que Enrique IV abrazó la religión romana debería hacer que la abandonara todo hombre honrado, y, más que nada, todo príncipe que supiera razonar [105].

Capítulo IX

Conclusión

Tras haber sentado los verdaderos principios del derecho político y procurado fundar el Estado sobre su base, faltaría respaldarlo atendiendo a sus relaciones externas: lo que abarcaría el derecho de gentes, el comercio, el derecho de guerra y de conquista, el derecho público, las ligas, las negociaciones, los tratados, etc. Pero todo esto constituye un nuevo tema demasiado amplio para mis cortos alcances: habría tenido que ajustarlos a mis posibilidades.

---

[105] Cuenta Hardonin de Pérefixe, obispo de Rodez, que habiendo convocado Enrique IV una conferencia entre doctores de una y otra Iglesia, al ver que un ministro estaba de acuerdo en que se podía uno salvar en la religión católica con tal de que se viviese honradamente, el rey manifestó: «La prudencia quiere, pues, que sea de su religión y no de la vuestra, porque siendo de la suya me salvo, según ellos y según vos, y siendo de la vuestra me salvo según vos pero no según ellos. La prudencia me aconseja, entonces, que siga lo más seguro.» (*Histoire du roy Henry le Grand.*)

ÍNDICE

Libro III

Libro IV